云在阁经藏

彻悟大师文集

〔清〕彻悟大师　著
于德隆　点校

九州出版社 JIUZHOUPRESS｜全国百佳图书出版单位

图书在版编目（CIP）数据

彻悟大师文集 /（清）彻悟大师著；唤醒，了睿辑录．于德隆点校．—北京：九州出版社，2012.12（2022.3 重印）

ISBN 978-7-5108-1859-2

Ⅰ．①彻… Ⅱ．①彻… ②唤… ③了… ④于… Ⅲ．①佛教—文集 Ⅳ．①B94-53

中国版本图书馆 CIP 数据核字（2012）第 292372 号

彻悟大师文集

作　　者	（清）彻悟大师 著　唤醒 了睿 辑录　于德隆 点校
责任编辑	张万兴　周红斌
出版发行	九州出版社
地　　址	北京市西城区阜外大街甲 35 号（100037）
发行电话	（010）68992190/3/5/6
网　　址	www.jiuzhoupress.com
印　　刷	三河市兴博印务有限公司
开　　本	720 毫米 ×1020 毫米　16 开
印　　张	18.5　插　页　6P
字　　数	200 千字
版　　次	2013 年 3 月第 1 版
印　　次	2022 年 3 月第 2 次印刷
书　　号	ISBN 978-7-5108-1859-2
定　　价	198.00 元

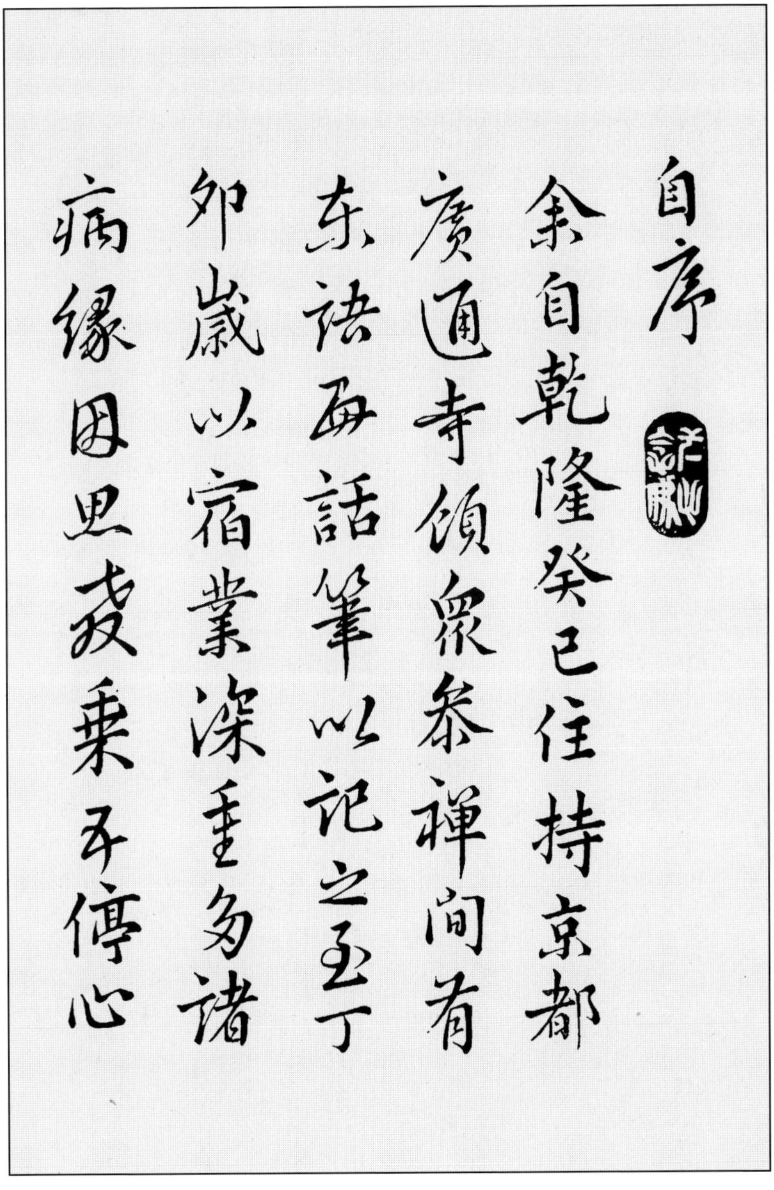

彻悟大师手迹（嘉庆二十二年刻本《梦东禅师遗集》自序之一）

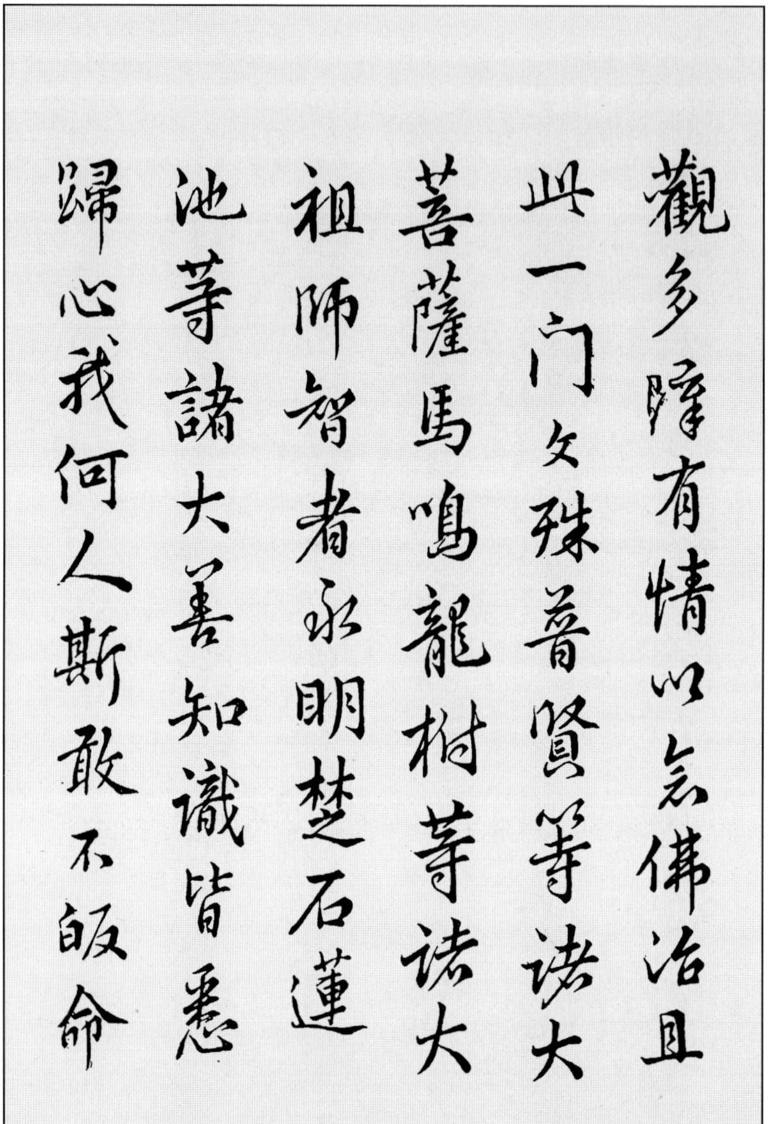
觀多障有情以念佛治且此一門文殊普賢等諸大菩薩馬鳴龍樹等諸大祖師智者永明楚石蓮池等諸大善知識皆悉歸心我何人斯敢不皈命

彻悟大师手迹（嘉庆二十二年刻本《梦东禅师遗集》自序之二）

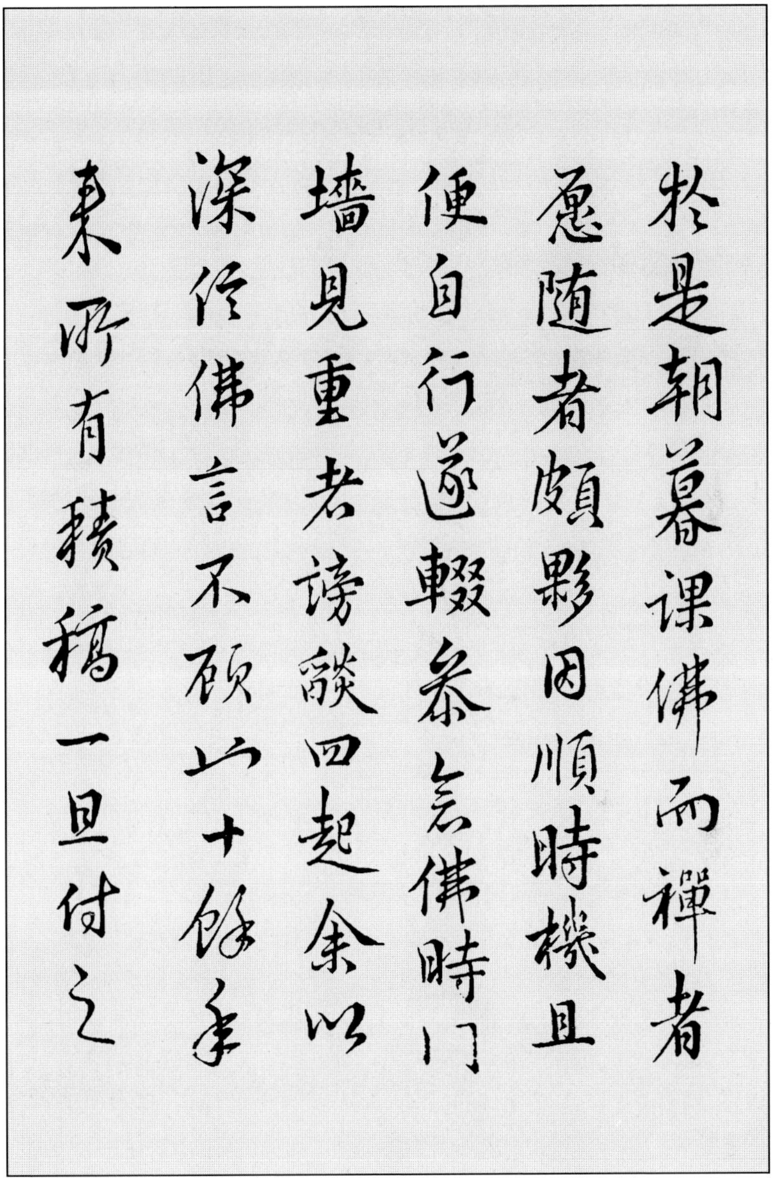
於是朝暮課佛而禪者
愿隨者頗影因順時機且
便自行遂輟參念佛時门
墻見重者謗讟四起余以
深信佛言不顧六十餘年
來所有積稿一旦付之

彻悟大师手迹（嘉庆二十二年刻本《梦东禅师遗集》自序之三）

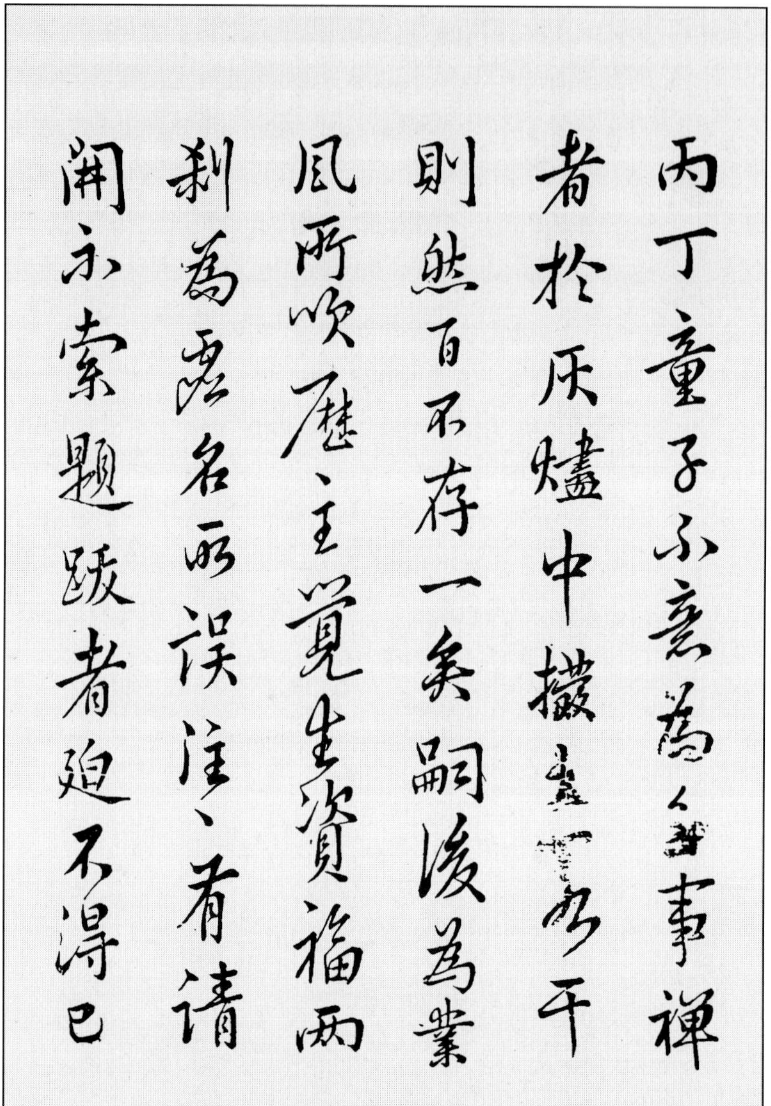
丙丁童子亦意為人書事禪者於灰燼中撥出一兩千則然百不存一矣嗣後為業風所吹歷、王覺生資福兩刹為虛名所誤注、有請閱示索題跋者迫不得已

彻悟大师手迹（嘉庆二十二年刻本《梦东禅师遗集》自序之四）

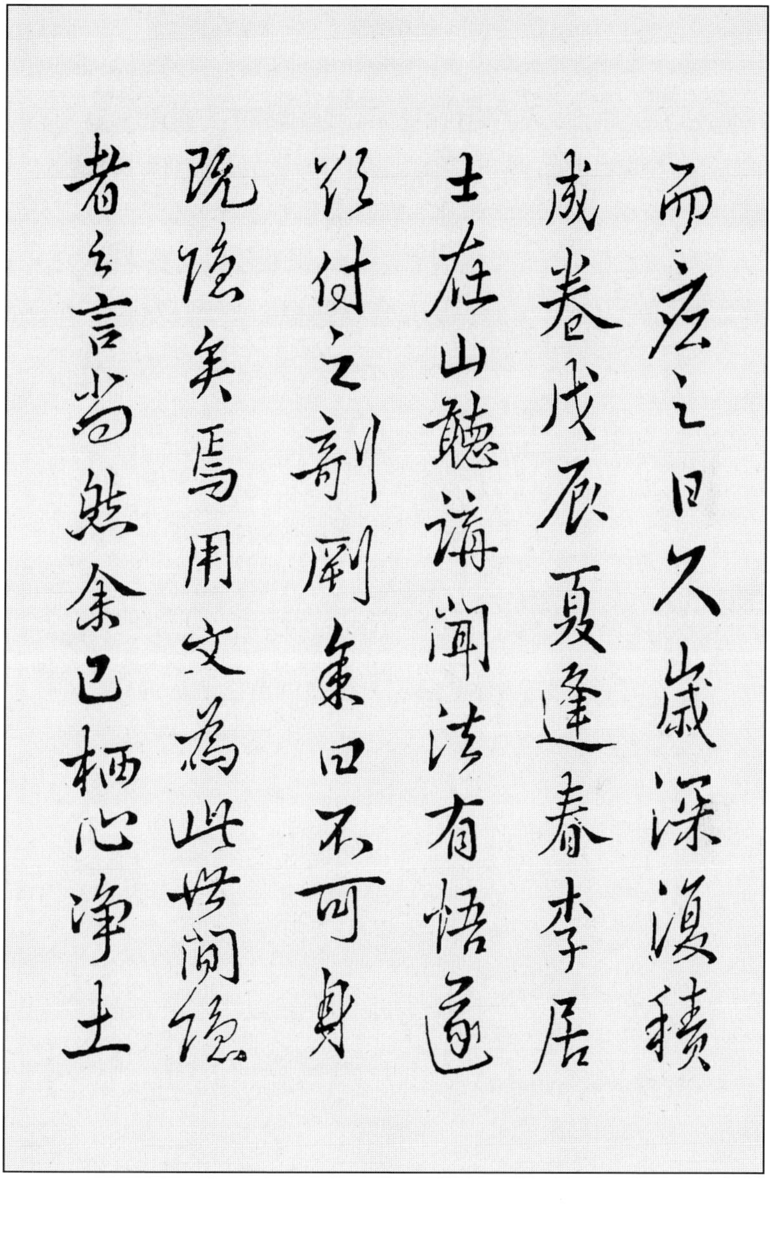
而忘之日久歲深復積
成卷戊辰夏逢春李居
士在山聽講聞法有悟遂
將付之剞劂余曰不可身
既隱矣焉用文為此世間隱
者之言尚然余已栖心淨土

彻悟大师手迹（嘉庆二十二年刻本《梦东禅师遗集》自序之五）

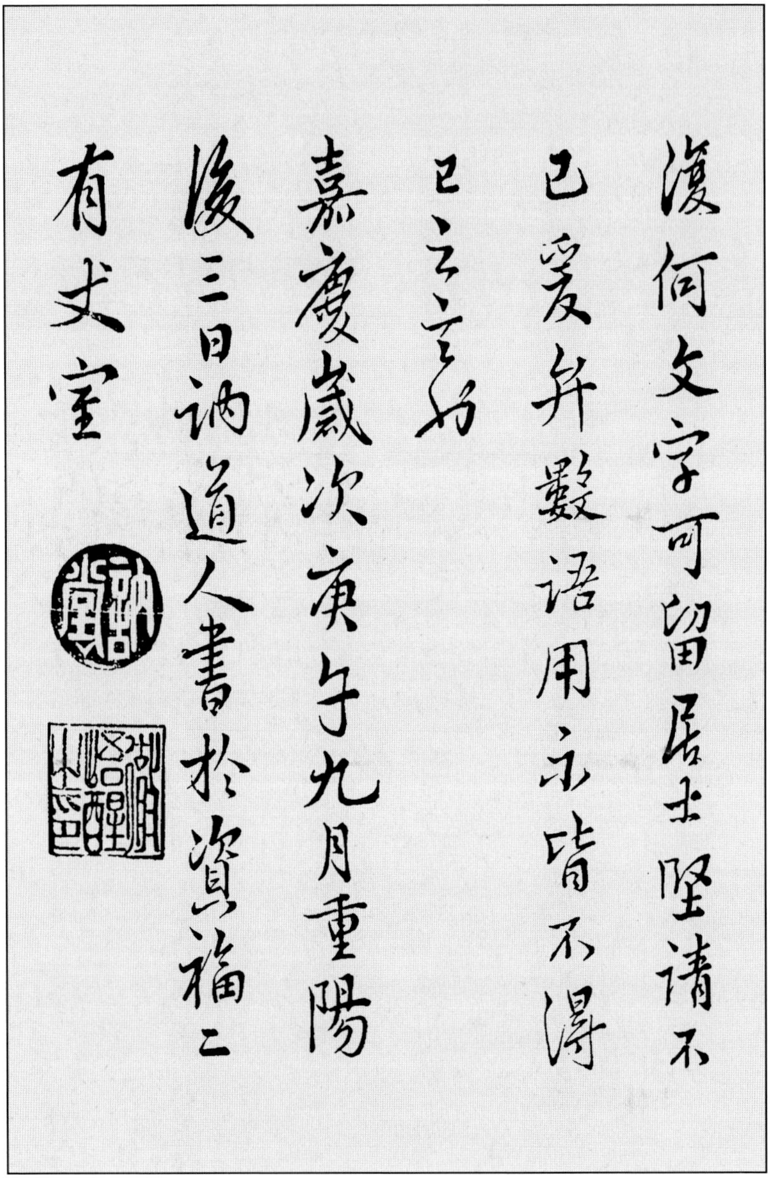
復何文字可留居士堅請不
已爰弁數語用示皆不得
已云云耳
嘉慶歲次庚午九月重陽
後三日衲道人書於資福之
有丈室

彻悟大师手迹（嘉庆二十二年刻本《梦东禅师遗集》自序之六）

出版说明

彻悟大师（1741—1810），俗姓马，名际醒，字彻悟，号梦东，京东丰润（今河北省丰润县）人，清代著名高僧。早年参禅有悟，后专修净土，创建红螺山资福寺净土道场，被尊为中国净土宗第十二代祖师。

彻悟大师宗说兼通，解行俱圆，而归心净土，以之自行化他。其著述虽然不多，但言言见谛，语语超宗，诚为殊胜稀有。近代高僧印光法师仰慕大师遗风，早年曾专门到红螺山参学，净业大进，其所作《彻悟禅师像赞》云："儒门之俊杰，佛家之魁雄，禅窟之巨狮，教海之神龙。研习慈贤而宏台教，住持禅刹而扇莲风。只期契机契理，不计门庭异同。发明作佛是佛之义，揭破执理废事之蒙。当此邪说横流之恶世，微公则何所适从！"并认为"《彻悟语录》，洵为净宗最要开示"。天台耆宿倓虚大师谓："余偶阅彻悟大师所撰《念佛伽陀》，深有所感。足见大师宗教圆明，承佛心印，悲智双运，作念佛颂，为宗教两家，各颂百首，以警后学。护正法轮，作人天眼。"

彻悟大师的著作，在其生前已有《念佛伽陀》一卷单独流通。大师西逝后，门人松泉等辑录遗稿，分上下两卷，名《梦东禅师遗集》，于嘉庆二十二年（公元1817）刻于北方，其中未含《念佛伽陀》。嘉庆二十四年（公元1819），浙江钱伊庵居士节录《梦东禅师遗集》，合《念佛伽陀》，仍为两卷，易名《彻悟禅师遗稿》，刻于杭州。同治七年（公元1868），释谂西依钱伊庵本，重刻于杭州。同治十年（公元1871），杨仁山居士又稍加删节，易名《彻悟禅师语录》，两卷，刻于金陵。光绪十六年（公元1890），释贯通依杨仁山本，附于《净土十要》之后，仍名《彻悟禅师语录》，由扬州藏经院合刻行世。民国十九年（公元1930），印光法师依杨仁山本，再加钱伊庵叙于首，仍名《彻悟禅师语录》，附于《净土十要》第十之后。

而原集之在北方者，后人获大师遗稿，次第增入，虽较完足，稍伤凌杂。民国二十三年（公元1934），天津佛教功德林重新排印，合《念佛伽陀》，厘为三卷，仍名《梦东禅师遗集》。1995年，上海佛学书局依天津佛教功德林重编本，用简体字重排，仍名《梦东禅师遗集》（三卷）。2007年，台北佛陀教育基金会依天津佛教功德林重编本，用繁体字重排，易名《彻悟大师遗集》（三卷）。

本次校勘，我社委托于德隆先生以天津佛教功德林重编本《梦东禅师遗集》（三卷）为底本，以嘉庆二十二年《梦东禅师遗集》二卷本为主要校本，参校其他各种版本，对原文采用现代标点、分段，希望能够为读者提供一个优良的读本。

在附编中，特汇集了彻悟大师轶文、传记、年谱及高僧大德们对彻悟大师的论述、评价，希望这些有助于读者加深对彻悟大师思想与作品的理解。

寄望本书的出版，对于佛法的研究与修学，尤其是净土修学以及中华传统文化的传承与弘扬，能够有所助益。

九州出版社

二〇一二年十二月

目　录

卷　首

《梦东禅师遗集》卷上

— 法 语 —

《梦东禅师遗集》卷中

— 杂 著 —

—赞—

《梦东禅师遗集》卷下

— 偈 颂 —

— 歌 诗 —

附　编

附录一　彻悟大师轶文

附录二　彻悟大师传记、史料

附录三　高僧大德论彻悟大师

附录四　彻悟大师年谱

彻悟大师文集

卷 首

彻悟大师行略[①]

师讳际醒，字彻悟，一字讷堂，又号梦东，京东丰润县人。族姓马，父讳万璋，母高氏。师幼而颖异，长喜读书，经史群籍，靡弗采览。

二十二岁，因大病，悟幻质无常，发出世志。病已，至房山县，投三圣庵荣池老宿剃发。越明年，诣岫云寺恒实律师圆具。次年闻香界寺隆一法师开演《圆觉》，师与会焉。晨夕研诘，精求奥义，遂悟《圆觉》全经大旨。复依增寿寺慧岸法师，听讲相宗，妙得其要。后历心华寺遍空法师座下，听《法华》、《楞严》、《金刚》等经，圆解顿开。于性相二宗，三观十乘之旨，了无滞碍。

乾隆三十三年（公元1768）冬，参广通粹如纯翁，明向上

---

① 此文在嘉庆二十二年（公元 1817）《梦东禅师遗集》二卷本及同治七年（公元 1868）释谂西依钱伊庵本重刻于杭州的《彻悟禅师遗稿》二卷本中，均位于书尾，现按 1934 年天津佛教功德林重编《梦东禅师遗集》三卷本（即本校对的底本，以下简称原本）排在卷首。

事。师资道合，乃印心焉。是为临济三十六世，磬山[①]七世也。

三十八年（公元1773），粹翁迁万寿寺。师继席广通，率众参禅，策励后学，津津不倦，十四年如一日，声驰南北，宗风大振。每忆永明延寿禅师，乃禅门宗匠，尚归心净土，日课十万弥陀，期生安养，况今末代，尤宜遵承。遂栖心净土，主张莲宗。日限尺香晤客，过此惟礼拜持念而已。

五十七年（公元1792），迁觉生寺，住持八年，百废尽举。于净业堂外，别立三堂：曰涅槃、曰安养、曰学士。俾老病者有所依托，初学者便于诵习。师于禅净宗旨，皆深造其奥。律己甚严，望人甚切，开导说法，如瓶泻云兴。与众精修，莲风大扇，遐迩仰化，道俗归心，当时法门为第一人。

嘉庆五年（公元1800），退居红螺山资福寺，以期终岁。奈因衲子依恋追随，致难避迹。师为法为人，心终无厌，遂复留众，俄成丛席。担柴运水，泥壁补屋，一饮一食，与众共之，如是者又十年。

---

① “磬山”，在嘉庆二十二年《梦东禅师遗集》二卷本、1934 年天津佛教功德林重编《梦东禅师遗集》三卷本、《彻悟禅师遗稿》二卷本、同治十年（公元 1871）杨仁山居士刻于金陵易名为《彻悟禅师语录》两卷本，及附于《净土十要》之后的《彻悟禅师语录》中，均为“磬山”。在 1995 年上海佛学书局简体重排《梦东禅师遗集》三卷、2007 年台北佛陀教育基金会《彻悟大师遗集》三卷中，均作“磐石”，应误。查《五灯严统》（《卍新纂续藏经》第 80 册，No. 1567）、《正源略集》（《卍新纂续藏经》第 85 册，No. 1586）等禅宗灯谱，这里“磬山”指磬山圆修禅师（即天隐圆修禅师）。

十五年（公元1810）二月，诣万寿寺扫粹祖塔，辞诸山外护。嘱曰："幻缘不久，人世非常，虚生可惜，各宜努力念佛，他年净土好相见也。"三月还山，命预办荼毗事物。十月十七日，集众付院务。命弟子松泉领众住持，诫曰："念佛法门，三根普被，无机不收。吾数年来，与众苦心建此道场，本为接待方来，同修净业。凡吾所立规模，永宜遵守，不得改弦易辙，庶不负老僧与众一片苦心也。"临示寂半月前，觉身微疾，命大众助称佛号，见虚空中幢幡无数，自西而来。乃告众曰："净土相现，吾将西归矣。"众以住世相劝。师曰："百年如寄，终有所归，吾得臻圣境，汝等当为师幸，何苦留耶？"十二月十六日，命监院师贯一，设涅槃斋。十七日申刻，告众曰："吾昨已见文殊、观音、势至三大士，今复蒙佛亲垂接引，吾今去矣。"众称佛号愈厉。师面西端坐合掌曰："称一声洪名，见一分相好。"遂手结弥陀印，安详而逝。众闻异香浮空。供奉七日，面貌如生，慈和丰满，发白变黑，光润异常。二七入龛，三七荼毗，获舍利百余粒。门弟子遵遗命，请灵骨葬于普同塔内。

师生于乾隆六年（公元1741）十月十四日未时，终于嘉庆十五年（公元1810）十二月十七日申时。世寿七十，僧腊四十九，法腊四十有三。所著有《示禅教律念佛伽陀》行于世。

嘉庆十七年壬申九月既望，有师之弟子惺聪者，持师之行实，请叙于余。余与师相契有年，素蒙开诲，启迪良多。师真过量人也，六根通利，解悟超常，既具辩才，兼持苦行，始终如一，余所目睹，故此录不容一字假饰。愧余不文，特质言之，以传信云尔。

拈花寺慕莲杜多体宽申敬叙

天津佛教功德林重编序

有清中叶，梦东老人继莲池、蕅益而起，宏阐净土法门于京北之红螺山，迄今百有余年。海内称净土门庭，首推红螺焉。

师早年文字悉自焚弃，门人唤醒、了睿辑录余烬，益以晚年所作，由师手自删定为两卷。师西逝后，门人松泉刻于北方，名《梦东禅师遗集》。其《念佛伽陀》一卷，先已别行。旋由浙江钱伊庵居士节其上卷，合《念佛伽陀》仍为两卷，易名《彻悟禅师遗稿》，刻于杭城。清季杨仁山居士又稍加删节，改名《语录》，刻于金陵，扬州藏经院遂以附《净土十要》之后，合刻行世。

而原集之在北方者，后人获师遗稿，次第增入，虽较完足，稍伤凌杂。适同人以集板渐形漫漶，公议集资排印。爰重为编次，厘为三卷。复荷红螺山普泉老和尚以本山所奉遗像见示，亟冠卷首，并为目录，以便检寻云。

甲戌（1934 年）仲春

菩萨戒弟子徐显瑞识

《净土十要》附本序

《彻悟语录》，洵为净宗最要开示。倘在蕅益老人前，决定选入《十要》。然具法眼者，肯令此书湮没不传乎？以故钱伊庵居士于嘉庆二十四年，择要节略，名《彻悟禅师遗稿》，刊布南方。同治七年，杭州谂西师，依伊庵本，重刻于杭州。同治十年，杨仁山居士又稍节之，改名《语录》，刻于金陵。光绪十六年，扬州贯通和尚刻《净土十要》，依仁山本，附于《十要》后以行。今排《十要》原文，特附于《十要》第十之后，仍依仁山本，但加钱叙于首，俾阅者咸知此书之源委云。

所愿见者、闻者，同皆深入净宗法界，直登上品莲台，庶不负彻悟老人一番大慈悲心也。

民国十九年庚午（公元 1930）仲冬

释印光识

重刻《彻悟禅师遗稿》序[①]

余辑《彻师遗稿》成，或问念佛往生之道有要术乎？余曰：有，确信而已矣。净土三资粮：曰信、曰愿、曰行。确信而愿行在其中矣。

忆昔从学单华藏夫子，请益当世诸大德，即耳都中彻悟老人名，盖淹贯宗教而宏扬净土者，慕之。丙寅游燕，窃幸获礼座矣，至则师已移居红螺。相距信宿程，以俗羁不果行，怅缘悭者久之。戊寅之春，真益子自京携师集来，余获读焉，叹其示众之语语悲激，往生之种种确凿，密授北济宗风，旷游南台教海，不觉涕泗悔愤，何当年之阻于咫尺，遽交臂而失之耶！

嗟夫！娑婆忍土，境苦而寿促。稍知发大心者，孰不警惕无常，思出生死，然终以不得其门而止。即有多生善根，皈敬三宝，且知有最上往生之捷径，又或以一己之见闻未确，反疑传载或过其实，卒至怀疑自误，甘忍以待死。吁！确信之难生有[②]如是耶？今彻师之西归也，数月前辞嘱外护，次第诸务，

① 这是嘉庆二十四年（公元1819）钱伊庵刻于杭州的《彻悟禅师遗稿》二卷本之序。

② “有”，有本作“也”。

则预知时至之确也。幢幡盈空而来，诸大菩萨继至，临终之顷，弥陀亲接，则报终境现，佛菩萨接引之确也。然犹师一人之独见也。若夫异香浮空，七日如生，发白变黑，舍利鳞砌，此则当时众见众知，往生之确瑞，遍布支那，而无所用其纤疑者也。人若闻此而仍不知霍然猛省，步武后尘，努力今生以了当生死，是谁之过欤！

余尝考震旦自远公开净土法门为初祖，其后可登祖位者，殆不乏人。而自古沿传，以善导、承远、法照、少康、永明、省常、莲池、思齐诸师为净宗九祖。余维彻师行履，尽未来际，足以闻风兴起，后有继列祖位者，殆不可遗也。适胥城贝宝岩先生，续以师《念佛伽陀》相赠，而松涛开士，谓宜重合梓以广其传，首捐刻资若干。遂择两集之精谈宗、教、净者刊之。其余杂著，备体而已。盖以资天下后世会宗、教而同归净土，尤当于三资粮中，决以确信往生为先务故也。松师劝人念佛僧，西天目净文长老之戒子也。

嘉庆二十四年岁次巳卯（公元 1819）夏六月既望

虎林三宝弟子钱伊庵谨序

《梦东禅师遗集》原序[①]

世之称净业者，自晋远法师始，仰体佛慈，大启度门，凿池植莲，建堂立誓。于时十八贤众，百二十三人，得自在力，念而无念，无生而生。心印递传，迄至于今不坠。

有梦东禅师者，法门之元嗣也。夙具定慧，参契渊微。始则悟《圆觉》一经要义，继则了解三藏十乘妙旨。尽弃旧习，专注净业。虚其衷，平其气，历廿载如一日，无退转心，克遂西生之愿。是以圆信圆解饶益众生者，即以之证弥陀法界。《遗集》具存，读之而益信师之所言：曰愿、曰信、曰行，曰罪业忏除，曰善根成熟，要惟兢兢于一心之生。夫横遍十方，竖穷三际，心之广也。虑坠偏小，发大菩提，心之宏也。任运感业，合道转业，心之权也。清珠浊水之投，种瓜种豆之获，铸金成面之具，心之缘也。经所称"是心作佛，是心是佛"二语，尤反覆求详，三致意焉。又谓一寸时光，一寸命光，欲后之学者，于恒河沙数中，履捷行简，速出生死之关，共证安乐之境，拯拔群迷，胥登彼岸。其意亦何厚乎！

① 这是嘉庆二十二年（公元 1817）《梦东禅师遗集》二卷本的序文。

师平昔于语言文字，不欲究心。然偶一拈吟，大之总摄无余，细之圆融无碍。对机立教，真理兼包。如阿伽陀药，无病不疗；如如意珠，无愿不满者，其如斯乎！

余窃念宗教两门语录，浩如烟海，疏经注义，法旨昭明。而净业之修，为入道正轨，自龙舒、大佑诸集外，言者阙如，宜师言之不可湮没也。师之高弟松泉，以是集付刊，问序[①]于余。余即师文之奥衍者申言之，是为序。

三宝弟子诚安谨识

① “序”，有本作“叙”。

《念佛伽陀》原叙

讷堂老人率众精修持名法门，备极诚恳，于广通、觉生两兰若，历有年所。兹乙卯（公元1795）冬，复以教义、宗乘各咏偈百首，阐其要妙，举以示众。如辈（按偈为了如所录，故云）当时一闻，心荡神怡，若深有领会焉。因仰体老人为众苦心，谆谆如是，若不刊布，久必湮没，遂寿之梨枣，以期修净业者，共为参味云尔。

嘉庆元年岁次丙辰（公元 1796）佛欢喜日

受业弟子心雨稽首谨题

自 序

余自乾隆癸巳（公元1773年），住持京都广通寺，领众参禅。间有东语西话，笔以记之。至丁卯岁[①]，以宿业深重，多诸病缘。因思教乘五停心观，多障有情，以念佛治。且此一门，文殊、普贤等诸大菩萨，马鸣、龙树等诸大祖师，智者、永明、楚石、莲池等诸大善知识，皆悉归心。我何人斯，敢不皈命。于是朝暮课佛，而禅者愿随者颇多。因顺时机，且便自行，遂辍参念佛。时门墙见重者，谤焰四起，余以深信佛言不顾也。十余年来，所有积稿，一旦付之丙丁童子，不意为多事禅者，于灰烬中拨出若干则，然百不存一矣。嗣后为业风所吹，历主觉生、资福两刹，为虚名所误，往往有请开示索题跋者，迫不得已而应之，日久岁深，复积成卷。戊辰（公元1808年）夏，逢春李居士在山听讲，闻法有悟，遂欲付之剞劂。余曰不可。“身既隐矣，焉用文为？”此世间隐者之言尚然，余

① “丁卯岁”，有本作“丁酉岁”。

已栖心净土，复何文字可留？居士坚请不已，爰弁数语，用示皆不得已之言也。

嘉庆岁次庚午（公元 1810）九月重阳后三日

讷道人[①]书于资福二有丈室

① “讷道人”，有本作“讷堂道人”。

原跋[1]

讷堂老人，一生苦心，为法真诚，诲人不倦。住广通时，著作、法语、偈颂、题跋甚富。逮辍参后，一意西驰，从前所作，尽令焚之。乾隆五十四年（公元1789）冬，睿始亲炙座下。次岁解制，同学唤醒师欲旋梓里，临行遗余钞本《语录》一卷，题曰“碎瑚析檀”，内有山居诗偈等作，余甚爱而吟玩之，惜未暇问出何人手笔。壬子（公元1792年）夏，老人迁住觉生，睿亦随往。一日老人见之，问曰：“此录烧已数年，子安得有此？”睿述所由，老人曰：“当时所焚如此者数本，此必唤醒多事，私窃留者”，仍命焚之。睿始知为老人之稿本也，由是愈加珍秘，且私嘱同人，将各所记忆，或别有收藏者，求而时袭之，然希图完璧不可得也。及老人退居红螺山寺，以期静养。由禅者追随不舍，故体恤众心，复成丛席。丁卯（公元1807年），昶亭居士来山听讲，法喜怡神，深生感激，索所存语句，并坚请老人开示净土宗旨，及启信、发愿、

[1] 这是嘉庆二十二年《梦东禅师遗集》二卷本的跋文，位于书尾，现按1934年天津佛教功德林重编《梦东禅师遗集》三卷本排于此处。

立行、用心、修持等文，合前诗偈等篇，共为两卷，而老人复将宗门中语句删去大半，今所传者止此耳。《念佛伽陀》久已别行。嘉庆乙丑（公元1805年），又得老人山中讲前法语一篇，不忍弃置，今附集内。

顾睿劣机浅识，谬承齿录，自惭未能克振先宗，光扬法道，但恪守成规，谨仿脚迹而已。每生厌离，窃常私祝老人，现届莲邦，何吝文殊金臂，遥摩睿顶，一安慰之也。抑或未敢私先导师，必待弥陀同至，始携睿手往育珍池乎？心怀剧切，语吐真实。良由苦海涛汹，业风无定，此生错过，后世何追？更祈老人于宝华台上、无量光中，遥相摄受。

嘉庆二十二年（公元 1817）佛成道日

不肖了睿谨识

《梦东禅师遗集》卷上

门人唤醒、了睿辑录[①]

① 此处采用的是本校对底本（1934年天津佛教功德林重编《梦东禅师遗集》三卷本）的署名，简体重排《梦东禅师遗集》三卷及《彻悟大师遗集》的署名同此。嘉庆二十二年《梦东禅师遗集》二卷本的署名为“嗣法门人了亮、了梅等较刊”，《彻悟禅师遗稿》的署名为“嗣法门人了亮、了梅等集”，《彻悟禅师语录》的署名为“嗣法门人了亮等集”。

— 法 语 —

示 众

（一）

一切法门，以明心为要。一切行门，以净心为要。

然则明心之要，无如念佛。“忆佛念佛，现前当来，必定见佛，不假方便，自得心开。”如此，念佛非明心之要乎？

复次净心之要，亦无如念佛。一念相应一念佛，念念相应念念佛。清珠下于浊水，浊水不得不清。佛号投于乱心，乱心不得不佛。如此，念佛非净心之要乎？

一句佛号，俱摄悟修两门之要。举悟则信在其中，举修则证在其中。信解修证，俱摄大小诸乘一切诸经之要，罄无不尽。然则一句弥陀，非至要之道乎！

（二）

吾人现前一念之心，全真成妄，全妄即真，终日不变，终日随缘。夫不随佛界之缘而念佛界，便念九界。不念三乘，便念六凡。不念人天，便念三途。不念鬼畜，便念地狱。以凡在有心，不能无念。以无念心体惟佛独证，自等觉已还，皆悉有念。凡起一念，必落十界，更无有念出十界外，以十法界，更无外故。每起一念，为一受生之缘。果知此理而不念佛者，未之有也。

若此心能与平等大慈大悲、依正功德，以及万德洪名相应，即念佛法界也。能与菩提心六度万行相应，即念菩萨法界也。以无我心，与十二因缘相应，即念缘觉法界也。以无我心，观察四谛，即念声闻法界也。或与四禅八定，以及上品十善相应，即念天法界也。若与五戒相应，即念人法界也。若修戒善等法，兼怀瞋慢胜负之心，即落修罗法界。若以缓软心，念下品十恶，即堕畜生法界。或以缓急相半心，与中品十恶相应，便堕饿鬼法界。若以猛炽心，与上品十恶相应，即堕地狱法界也。十恶者，即杀、盗、淫、妄言、绮语、恶口、两舌、贪、瞋、邪见是。反此则为十善。

当密自检点日用所起之念，与何界相应者多，与何界相应者猛，则他日安身立命之处，不劳更问人矣。

（三）

一切境界，惟业所感，惟心所现。即其现处，当体即心。凡在有心，不能无境。不现佛境，便现九界之境。不现三乘之境，便现六凡之境。不现天人鬼畜之境，便现地狱境界。

佛及三乘所现境界，虽有优降不同，要皆受享法乐而已。三界诸天所现之境，但唯受用禅定五欲之乐。人道之境，苦乐相间，各随其业，多少不同。鬼畜之境，苦多乐少。至于地狱，则纯一极苦。

如人梦中所见山川人物，皆依梦心所现。若无梦心，必无梦境。设无梦境，亦无梦心。故知心外无境，境外无心。全境即心，全心即境。若于因中察果，当须观心。设于果处验因，当须观境。故曰：未有无心境，曾无无境心。果必从因，因必克果。

苟真知此心境因果一如不二之理，而犹不念佛求生净土者，吾不信也。

（四）

“真为生死，发菩提心，以深信愿，持佛名号”十六字，为念佛法门一大纲宗。

若真为生死之心不发，一切开示，皆为戏论。世间一切重苦，无过生死。生死不了，生死死生，生生死死，出一胞胎，入一胞胎，舍一皮袋，取一皮袋，苦已不堪。况轮回未出，难免堕落，猪胞胎、狗胞胎，何所不钻，驴皮袋、马皮袋，何所不取。此个人身，最为难得，最易打失。一念之差，便入恶趣。三途易入而难出，地狱时长而苦重。七佛以来，犹为蚁子。八万劫后，未脱鸽身。畜道时长已极，鬼狱时长尤倍。久经长劫，何了何休，万苦交煎，无归无救。每一言之，衣毛卓竖，时一念及，五内如焚。是故即今痛念生死，如丧考妣，如救头然也。

然我有生死，我求出离，而一切众生皆在生死，皆应出离。彼等与我，本同一体，皆是多生父母，未来诸佛。若不念普度，唯求自利，则于理有所亏，心有未安。况大心不发，则外不能感通诸佛，内不能契合本性，上不能圆成佛道，下不能广利群生。无始恩爱，何以解脱，无始冤愆，何以解释。积劫罪业，难以忏除，积劫善根，难以成熟。随所修行，多诸障缘，纵有所成，终堕偏小。故须称性发大菩提心也。

然大心既发，应修大行。而于一切行门之中，求其最易下手，最易成就，至极稳当，至极圆顿者，则无如以深信愿，持佛名号矣。

所谓深信者，释迦如来梵音声相，决无诳语，弥陀世尊大慈悲心，决无虚愿。且以念佛求生之因，必感见佛往生之果。如种瓜得瓜，种豆得豆；响必应声，影必随形；因不虚弃，果无浪得。此可不待问佛而能自信者也。况吾人现前一念心性，全真成妄，全妄即真，终日随缘，终日不变，横遍竖穷，当体无外，弥陀净土，总在其中。以我具佛之心，念我心具之佛，岂我心具之佛，而不应我具佛之心耶！《往生传》载临终瑞相，斑斑列列，岂欺我哉！

如此信已，愿乐自切。以彼土之乐，回观娑婆之苦，厌离自深，如离厕坑，如出牢狱。以娑婆之苦，遥观彼土之乐，欣乐自切，如归故乡，如奔宝所。总之如渴思饮，如饥思食，如病苦之思良药，如婴儿之思慈母，如避冤家之持刀相迫，如堕水火而急求救援。果能如此恳切，一切境缘，莫能引转矣。

然后以此信愿之心，执持名号，持一声是一九莲种子，念一句是一往生正因。直须心心相续，念念无差，唯专唯勤，无杂无间，愈久愈坚，转持转切。久之久之，自成片段，入一心不乱矣。

诚然如此，若不往生者，释迦如来便为诳语，弥陀世尊便为虚愿，有是理乎哉！

（五）

《观经》“是心作佛，是心是佛”二语，较之禅宗直指人心，见性成佛，尤为直截痛快。何也？以见性难而作佛易故。

何为见性？离心意识，灵光迸露，始为见性，故难。

何为作佛？持佛名号，观佛依正，即为作佛，故易。经云：“汝等心想佛时，是心即是三十二相，八十种好。”岂非以想念于佛即为作佛耶？

夫成佛、是佛，理无二致。而见性、作佛，难易相悬若是，岂非念佛较之参禅，尤为直截痛快也哉！

一是祖语，一是佛言，何重何轻、何取何舍？学者但当尽舍旧习，虚其心，平其气，试一玩味而检点之，当必首肯是说为不谬矣。

（六）

石霜迁化，众举泰首座继席住持。时九峰虔为侍者，乃曰："若继住持，须明先师意。"泰曰："先师有什么意，我会不得？"虔曰："先师寻常教人：休去歇去、冷湫湫地去、古庙香炉去、一条白练去、万年一念去。其余则不问，如何是'一条白练去'？"泰云："此但明一色边事[①]。"虔云："原来未会先师意。"泰云："装香来。香烟尽处，我若去不得，即不会先师意。"左右即装香，香烟未尽，泰即化去。虔抚其背曰："坐脱立亡即不无，先师意未梦见在。"

曹山堂上坐，纸衣道者从堂下过。山曰："莫是纸衣道者么？"衣曰："不敢。"山曰："如何是纸衣下事？"衣曰："一裘才挂体，万法悉皆如。"山曰："如何是纸衣下用？"衣曰："诺。"便化去。山曰："汝只解恁么去，不解恁么来。"衣复开目问曰："一灵真性，不假胞胎时，如何？"山曰："未是妙。"

夫坐脱立亡，未明大法，固非了事，然其造诣工夫，殊非易易。果能回此一段精神，专心念佛求生净土，当必稳得上品上生，岂更遭人检点哉！

---

① "明一色边事"，有本作"明色一边事"，现按嘉庆二十二年《梦东禅师遗集》二卷本校订。

如纸衣进问："如何是妙？"山答云："不借借。"衣便珍重化去。噫！与其不借而借臭秽胞胎，何如不借而借香洁莲花。直以胞胎臭秽、莲花香洁而论，已自胜劣悬殊。况出胎隔阴，作主大难。而莲胞一敷，胜缘具足。此则日劫相悬，天地不足以喻其否泰矣。

无怪乎永明大师谓"有禅无净土，十人九磋[①]路；无禅有净土，万修万人去。"此真语也、实语也、大慈悲心泪出痛肠之语也。学者幸勿忽诸。

（七）

最初迷真起妄，则曰一念妄动。末后返妄归真，则曰一念相应。是则起妄之后，归真之前，更有何法，能外此一念乎？

是故一念悟，随净缘，即佛法界；迷，随染缘，即九法界。十方虚空，是此一念迷昧。一切国土，是此一念澄凝。四生正报，是此一念情想合离。四大依报，是此一念动静违顺。唯依此念，变现诸法。离此念外，无法可得。原此一念，本是法界，从缘而起。缘无自性，全体法界。故得横遍十方，竖穷三际，离过绝非，不可思议，法尔具此威神，法尔具此功用。

今以此念，念于西方阿弥陀佛，求生极乐净土。正当念

① "磋"，有本作"错"。

时，西方依正，在我心中，而我此心，已在西方依正之内。如两镜交光，相含互照，此横遍十方之相也。若约竖穷三际，则念佛时，即见佛时，亦即成佛时。求生时，即往生时，亦即度生时。三际同时，更无前后。帝网珠光，难齐全体；南柯梦事，略类一班。

此理悟之最难，信之最易。但能直下承当，终必全身受用，可谓参学事毕、所作已办矣。如或未能，但当任便观察，随分受用耳。

（八）

心能造业，心能转业。业由心造，业随心转。心不能转业，即为业缚。业不随心转，即能缚心。

心何以能转业？心与道合，心与佛合，即能转业。业何以能缚心？心依常分，任运作受，即为业缚。

一切现前境界，一切当来果报，皆唯业所感，唯心所现。唯业所感故，前境来报，皆有一定，以业能缚心故。唯心所现故，前境来报，皆无一定，以心能转业故。若人正当业能缚心，前境来报一定之时，而忽发广大心，修真实行，心与佛合，心与道合，则心能转业，前境来报，定而不定。又心能转业，前境来报不定之时，而大心忽退，实行有亏，则业能缚心，即前境来报，不定而定。

然业乃造于已往，此则无可奈何。所幸而发心与否，其机在我，造业、转业，不由别人。如吾人即今发心念佛，求生极乐，或观依正，或持名号，念念相续，观念之极，则心与佛合，合之又合，合之其极，则心能转业，而前境之娑婆，转为极乐，胎狱之来报，转为莲胞，便是乐邦自在人矣。若正恁么时，其心或偶然失照，或忽生退悔，不与佛合，则业能缚心，而前境仍旧，来报依然，还是忍土苦众生也。

然则我辈有志出离求生净土者，可弗惕然而警、奋然而发也哉！

（九）

净土门中，以愿为最。凡有愿者，终必能满。如郁头蓝弗，习非非想定于水边林下。每定将成，多为鱼、鸟所惊。因发恶愿曰："吾他日后，当作飞狸，入林食鸟，入水食鱼。"后非想定成，遂生天上，寿八万大劫。天报既终，遂堕为飞狸，入林、水以食鱼、鸟。此恶愿也，与性相违，尚有大力用，八万劫后能满，况称性之善愿乎。

《神僧传》载一僧，于石佛前，戏发愿曰："如今生生死不了，愿来生作威武大臣。"后果作大将军。此戏发之愿也，尚终得遂，况至诚所发之愿乎。

复载一僧，博通经论，所至无所遇，乃咨嗟叹息。傍一僧曰："汝学佛法。独不闻'未成佛果，先结人缘'。汝虽明佛法，其如无缘何。"其僧曰："我即终于此乎？"傍僧曰："吾代汝为之。"问其僧有何所蓄。曰："无他，仅余一衣料耳。”曰：“此亦足矣。”遂变价置买食物，引其僧至一深林，禽鸟昆虫甚多之处，置食于地，复教以发愿，乃嘱曰：“汝二十年后，方可开法。”其僧如所嘱，至二十年后始开法，受化者多少年，盖皆受食之禽鸟昆虫也。此愿力之不可思议也，尚能以他人之愿，摄彼虫鸟，脱异类而入人道，岂自愿不能自度耶？

佛以四十八愿，自致成佛。而我所发之愿，正合佛摄生之愿。此则直以发愿，便可往生，而况佛有不思议大慈大悲。如莹珂，酒肉无择之人，后阅《往生传》，每读一传，为一首肯，遂断食念佛，至七日，感佛现身慰之曰：“汝阳寿尚有十年，当好念佛。吾十年后来接汝。”珂曰：“娑婆浊恶，易失正念。愿早生净土，承事诸圣。”佛曰：“汝志如此，我三日后来接汝。”三日后果得往生。

又怀玉禅师，精修净业。一日见佛菩萨满虚空中，一人执银台而入。玉念曰：“吾一生精进，志在金台。今胡不然？”银台遂隐。玉弥加精进。二十一日后，复见佛菩萨遍满虚空，前持银台者易金台而至。玉遂泊然而逝。

刘遗民，依东林结社念佛。一日想念佛次，见佛现身。刘念曰：“安得如来手摩我头乎？”佛即手摩其头。复念曰：“安得如来衣覆我体乎？”佛即以衣覆其体。

于戏！佛之于众生，无所不至，真可谓大慈悲父母矣。欲速生即令速生，欲金台即易金台，欲手摩头即摩头，欲衣覆体即覆体。佛既慈悲一切众生，岂独不慈悲我乎？佛既满一切众生之愿，岂独不满我之愿乎？大慈悲心，无有拣择。安有此理！

是以真能发愿，则信在其中。信愿既真，行不期起而自起。是故信愿行三种资粮，唯一“愿”字尽之矣！

（十）

世之最可珍重者，莫过精神。世之最可爱惜者，莫过光阴。

一念净，即佛界缘起。一念染，即九界生因。凡动一念，即十界种子，可不珍重乎！是日已过，命亦随减，一寸时光，即一寸命光，可不爱惜乎！

苟知精神之可珍重，则不浪用，则念念执持佛名；光阴不虚度，则刻刻熏修净业。倘置佛名而别修三乘圣行，亦是浪用精神，亦是千钧之弩，为鼷鼠而发机，况造六凡生死之业乎？倘置净业而别取权乘小果，亦是虚度光阴，亦是以如意宝珠，而贸一衣一食，况取人天有漏之果乎？

如是珍重，如是爱惜，则心专而佛易感，行勤而业易精。果得真生净土，亲见弥陀，时承开示，面奉慈音，妙悟自心，深证法界，延一念为长劫，促长劫为一念，念劫圆融，得大自在，得非自食其珍重爱惜之报乎！

（十一）

夫见道而后修道，修道而后证道。此千圣同途，千古不易之定论也。然见道岂易言哉？若依教乘，必大开圆解。若依宗门，必直透重关。然后得论修道。否则便为盲修瞎练，不免撞墙磕壁，堕坑落堑矣。

唯净土一门则不然。“从是西方过十万亿佛土，有世界名曰极乐，其土有佛，号阿弥陀，今现在说法。”但发愿持名，即得往生。此乃佛心佛眼，亲知亲见之境界，非彼三乘贤圣所能知见也。但当深信佛言，依此而发愿持名，即是以佛知见为知见，不必另求悟门也。

余门修道，必悟后依法修习，摄心成定，因定发慧，因慧断惑。所发之慧有胜劣，所断之惑有浅深。然后方可论其退与不退。唯此净土门中，唯以信愿之心，专持名号，持至一心不乱，净业即为大成，身后决定往生。一得往生，便永不退转。

又余门修道，先须忏其现业，若现业不忏，即能障道，则进修无路矣。修净业者，乃带业往生，不须忏业，以至心念佛一声，能灭八十亿劫生死重罪故。

又余门修道，须断烦恼，若见思烦恼分毫未尽，则分段生死不尽，不能出离同居国土。唯修净业，乃横出三界，不断烦恼，从此同居，生彼同居，一生彼土，则生死根株便永断矣。既生彼土，则常常见佛，时时闻法，衣食居处，出于自然，水鸟树林，皆悉说法，同居土中，横见上三净土，诸上善人俱会一处，圆证三种不退，一生便补佛位。

然则净土一门，最初省求悟门，末后不待发慧，不须忏业，不断烦恼，至极省要，至极径捷，及其证入，至极广大，至极究竟。学者当细心玩味而详择之。毋以一时贡高，失此殊胜最大利益也。

（十二）

一穷人遥望，见钱一串，就而取之，乃蛇也，遂瞠立于其傍。复一人至，得钱一串携去。夫钱非蛇也，而蛇现者，唯业所感，唯心所现也。

钱上之蛇，固是业感心现，而蛇上之钱，独非业感心现乎？钱上之蛇，一人之别业妄见也；蛇上之钱，多人之同分妄见也。一人之妄见，其妄易知。多人之妄见，其妄难知。以易知例难知，难知亦易知矣。然则蛇固蛇也，钱亦蛇也。推此而往，内而根身，外而境界，由一方而至十方，以及四大部洲、三千大千世界，皆此钱上之蛇也。但唯心之蛇既现，便能螫人。唯心之钱既现，便得享用。非谓唯心，便无外境。

且娑婆之秽苦，安养之净乐，皆唯心现。唯心之秽苦既现，则遭大逼迫。唯心之净乐既现，则得大受用。既秽苦净乐皆唯心现，何不舍唯心之秽苦，以取唯心之净乐，而乃久经长劫，甘为八苦之所交煎也哉！

（十三）

吾人生死关头，惟二种力：一者心绪多端，重处偏坠，此心力也；二者如人负债，强者先牵，此业力也。

业力最大，心力尤大。以业无自性，全依于心。心能造业，心能转业。故心力唯重，业力唯强，乃能牵生。

若以重心而修净业，净业则强。心重业强，惟西方是趋，则他日报终命尽，定往西方，不生余处矣。如大树大墙，寻常向西而歪，他日若倒，决不向余处也。

何为重心？我辈修习净业，信贵于深，愿贵于切，以信深愿切故，一切邪说莫能摇惑，一切境缘莫能引转。

若正修净业时，倘达摩大师，忽现在前，乃曰："吾有直指人心见性成佛之禅。汝但舍置念佛，吾即以此禅授汝。"但当向祖师作礼，谓："我先已受释迦如来念佛法门，发愿受持，终身不易。祖师虽有深妙禅道，吾则不敢自违本誓也。"纵或释迦如来，忽尔现身，谓曰："吾先说念佛法门，特一时方便耳。今更有殊胜法门，超于彼者。汝当且置念佛。吾即为说胜法。"亦只可向佛稽首陈白："我先禀受世尊净业法门，发愿一息尚存，决不更张。如来虽有胜法，吾则不敢自违本愿也。"虽佛祖现身，尚不改其所信。况魔王外道，虚妄邪说，岂足以摇惑之耶？能如是信，其信可谓深矣。

若赤热铁轮，旋转顶上，不以此苦，退失往生之愿。若轮王胜妙五欲现前，亦不以此乐，退失往生之愿。此逆顺至极，尚不改所愿，况世间小小逆顺境界，岂能引转哉！能如是愿，其愿可谓切矣。

信深愿切，是谓重心，而修净业，净业必强。心重故，则易纯；业强故，则易熟。极乐净业若熟，娑婆染缘便尽。果得染缘已尽，则临终时，虽欲轮回境界再现在前，亦不可得。果得净业已熟，则临终时，虽欲弥陀净土不现在前，亦不可得。

然此信愿，要在操之有素，临时自不入于歧路。如古德临欲命终，六欲天童次第接引，皆不去，唯专心待佛，后佛现，乃曰“佛来也”，遂合掌而逝。夫临欲命终，四大分张，此何时也？六欲天童，次第接引，此何境也？苟素常信愿不到十分坚固，当此时，对此境，而能强作主宰乎？如古德真可谓千古修净业者之标榜矣。

（十四）

有禅者问曰：“一切诸法，悉皆如梦。娑婆固梦也，极乐亦梦也。既同是一梦，修之何益？”

予曰：“不然。七地以前，梦中修道。无明大梦，虽等觉犹眠。唯佛一人，始称大觉。当梦眼未开之时，苦乐宛然。与其梦受娑婆之极苦，何若梦受极乐之妙乐。况娑婆之梦，从梦入梦，梦之又梦，展转沉迷者也。极乐之梦，从梦入觉，觉之又觉，渐至于大觉者也。梦虽同，所以梦者未尝同也。可概论乎？”

（十五）

佛法大海，信为能入。净土一门，信尤为要。以持名念佛，乃诸佛甚深行处，唯除一生所系菩萨，可知少分。自余一切贤圣，但当遵信而已，非其智分之所能知，况下劣凡夫乎？

然十一善法，以信居初，信心之前，更无善法。五十五位，以信为始，信位之前，别无圣位。故菩萨造《起信论》，祖师作《信心铭》。以信心一法，为入道要门也。

昔王仲回问于杨无为曰："念佛如何得不间断去？"杨曰："一信之后，更不再疑。"王欣然而去。未久，杨梦仲回致谢，谓："因蒙指示，得大利益。今已生净土矣。"杨后见仲回之子，问及仲回去时光景，及去之时节，正杨得梦之日。

噫！信之时义大矣哉。

（十六）

法藏比丘，对世自在王佛，发称性四十八种大愿，依愿久经无量长劫，修习大行，至于因圆果满，自致成佛。法藏转名弥陀，世界转名极乐。弥陀之所以为弥陀者，深证其唯心自性也。然此弥陀极乐，非自性弥陀，唯心极乐乎？

但此心性，乃生佛平等共有，不偏属佛，亦不偏属众生。若以心属弥陀，则众生乃弥陀心中之众生。若以心属众生，则弥陀乃众生心中之弥陀。以弥陀心中之众生，念众生心中之弥陀。岂众生心中之弥陀，不应弥陀心中之众生耶？

但佛悟此心，如醒时人。众生迷此心，如梦中人。离醒时人，无别梦中之人。岂离梦中之人，别有醒时之人耶？但梦中之人，当不自认为真。亦不离梦中之人，别求醒时之人。唯应常忆醒时之人，忆之又忆，则将见大梦渐醒，而梦眼大开，即梦中能忆之人，便是所忆醒时之人。而醒时之人，非梦中人也。梦中人众多，醒时人唯一。“十方诸如来，同共一法身，一心一智慧，力无畏亦然。”此乃即一即多，常同常别，法尔自妙之法也。

念佛之意，大略如此。

（十七）

“生则决定生，去则实不去”二语，上句说事，下句说理。事是即理之事，谓生即不生，非直以生为生也。理是即事之理，谓不去而去，非直以不去为不去也。两句作一句看，则事理圆融，所谓合之则双美也。若两句作两句看，则事理分张，所谓离之则两伤也。

若不合此两句作一句，便当演此两句作四句，谓“生则决定生，生而无生；去则实不去，不去而去。”虽为四句，义亦无增，合为一句，义亦无减，总一事理圆融耳。

与其执“去则实不去”之理，不如执“生则决定生”之事为得。何也？以执事昧理，犹不虚入品之功。若执理废事，便不免落空之诮。以事有偕理之功，理无独立之能故也。以有生为生，则堕常见。以不去为不去，则堕断见。断常虽同一邪见，而断见之过患深重，故不若执事之为得，然总不如圆会二句为佳耳。

（十八）

吾人现前一念，缘生无性，无性缘生，不生佛界，便生九界。若约缘生无性，则生佛平等一空。若约无性缘生，则十界胜劣悬殊。

阿祈达王临终，为赶蝇人以拂拂面，一念瞋心，遂堕为毒蛇。一妇人渡河失手，其子堕水，因捞子故，与之俱没，以慈心故，得生天上。夫一念慈瞋，天畜遂分。则此临终之缘生一念，可不慎乎？苟以此心缘念弥陀，求生净土，得不见佛往生乎？

但此一念，不可侥幸而致，必须存之以诚，操之有素。是故吾辈于此一句弥陀，千念万念，以至终日终年念者，无非为熟此一念而已。果得一念纯熟，则临命终时，唯此一念，更无异念。智者大师云："临终在定之心，即净土受生之心。"然惟此一念，更无异念，非在定之心乎？念果如是，不见弥陀，更见何人？不生净土，更生何处？只恐吾人自信不及耳。

（十九）

《观经》“是心作佛，是心是佛”，二语既举，则言外之“心不作佛，心不是佛；心作九界，心是九界；心不作九界，心不是九界”等义俱彰矣。噫！果明此理，而犹不念佛者，则吾未如之何也已矣！

（二十）

《观经》“是心作佛，是心是佛”二语，不唯是《观经》一经纲宗法要，实是释迦如来一代时教大法纲宗；不唯释迦一佛法藏纲宗，实是十方三世一切诸佛法藏纲宗。此宗既透，何宗不透？此法既明，何法不明？所谓学虽不多，可齐上贤也。

（二十一）

真法无性，染净从缘。一真既举体成十界，则十界全体即一真。是故善谈心性者，必不弃离于因果；而深信因果者，终必大明乎心性。此理势所必然也。

（二十二）

吾人现前一念能念之心，全真成妄，全妄即真；终日随缘，终日不变。一句所念之佛，全德立名，德外无名；以名召德，名外无德。能念心外，无别所念之佛；所念佛外，无别能念之心。能所不二，生佛宛然。本离四句，本绝百非。本遍一切，本含一切。绝待圆融，不可思议。

莲宗行者，当从这里信入。

（二十三）

杀生一事，过患至为深重。一切众生皆有佛性，生可杀乎？造重业，纵杀心，结深怨，感苦果，皆由一杀所致。是以杀心渐猛，杀业渐深，渐以杀人，以及杀其六亲，甚而积为刀兵大劫，可悲也矣！盖皆由不知戒杀之所致。

苟知戒杀，牲且不忍杀，况杀人乎？况杀六亲乎？牲不忍杀，刀兵大劫，何所从来？杀人之父者，人亦杀其父。杀人之兄者，人亦杀其兄。知人之父兄不可杀，亦戒杀之渐。但不知杀父兄者，由于不戒杀始也。

（二十四）

人之所以不戒杀者，由于不达因果之理。因果者，感应也。我以恶心感之，人亦以恶心应。我以善心感之，人亦以善心应。人但知感应见于现生，而不知感应通于三世也。人但知感应见于人道，而不知感应通于六道也。果知感应通于三世六道，六道中皆多生之父兄，杀可不戒乎？

纵知感应通于六道，亦不知感应通于世出世间也。以无我心感，则声闻缘觉之果应之。以菩提心六度万行感，则菩萨法界果应之。以平等大慈、同体大悲感，则佛法界果应之。

噫！感应之道，可尽言哉。

（二十五）

须知一句阿弥陀佛，以唯心为宗。此惟心之义，须以三量楷定。三量者：现量、比量、圣言量也。

现量者，谓亲证其理也。如罗什大师，七岁随母入佛寺，见佛钵，喜而顶戴之。俄而念曰："我年甚幼，佛钵甚重，何能顶戴？"是念才动，忽失声置钵，遂悟万法唯心。高丽惟晓法师，来此土参学。夜宿冢间，渴甚，明月之下，见清水一汪，以手掬而饮之，殊觉香美。至次日清晨，乃见其水为墓中控出，遂恶心大吐。乃悟万法唯心，便回本国著述。此皆现量亲证也。

比量者，借众相而观于义，比喻而知也。诸喻之中，梦喻最切。如梦中所见山川人物，万别千差，皆不离我能梦之心。离梦心外，别无一法可得。即此可以比喻而知现前一切万法，但唯心现也。

圣言量者，三界唯心，万法唯识。千经万论，皆如是说。

已约现等三量，楷定唯心。更约事理二门，辨明具造。

谓由有理具，方有事造。理若不具，事何所造？所以理具，但具事造，离事造外，无别所具。由有事造，方显理具。事若不造，争知理具？所以事造，只造理具，离理具外，别无所造。

只此一念心中，本具十界万法。即此一念随缘，能造十界万法。理具，如金中本具可成瓶盘钗钏之理。事造，如随工匠炉锤之缘，造成瓶盘钗钏之器。又理具，如面中本具可成种种食物之理。事造，如水火人工之缘，造成种种食品也。

已辨事理，复约名体同异，拣定真妄。

佛法中有名同而体异者，有名异而体同者。名同体异，如心之一名，有肉团心、有缘虑心、有集起心、有坚实心。肉团心，同外四大，无所知识。缘虑心，通于八识，以八种识皆能缘虑自分境故。此则是妄。集起心，唯约第八，以能集诸法种子，能起诸法现行故，此则真妄和合。坚实心者，即坚固真实之性，乃离念灵知、纯真心体也。今言唯心者，乃坚实纯真之心也。名异体同者，如诸经中所说真如、佛性、实相、法界等，种种极则之名，皆此坚实纯真心也。

已拣真妄，还约本有现前，折衷指点。

以诸经皆言无始本有真心。夫既曰本有，即今岂无？而今现有，即本有也。若无无始，则无现前。若离现前，岂有无始？是故不必高尊本有，远推无始，但现前一念心之自性，即本有真心也。以现前一念，全真成妄，全妄即真，终日随缘，终日不变。离此现前一念之外，岂别有真心自性哉！古德云：威音那畔，不离今世门头；众生现行无明，即是诸佛不动智体。其庶几乎！

由上四义，以显唯心。故一以"唯心为宗"也。

又一句阿弥陀，以唯佛为宗。

以一切万法，既唯心现，全体唯心，心无彼此，心无分际，于十界万法，若依若正，假名实法，随拈一法，皆即心之全体，皆具心之大用，如心横遍，如心竖穷。以唯心义成，唯色、唯声、唯香、唯味、唯触、唯法，乃至唯微尘、唯芥子，一切唯义俱成。一切唯义俱成，方成真唯心义。若一切唯义不成，但有唯心之虚名，而无唯心之实义。以一切唯义俱成，故曰法无定相，遇缘即宗。唯微尘、唯芥子，尚可为宗，八万相好庄严之果地弥陀，反不可以为宗耶？故以"唯佛为宗"。

又以绝待圆融为宗。

于十界万法，随拈一法，无非即心全体，具心大用，横遍十方，竖穷三际，离于四句，绝于百非，独体全真，更无有外，弥满清净，中不容他。一法既尔，万法皆然。各约诸法当体，绝待无外，是为绝待。

又以十界万法，各各互遍，各各互含，一一交罗，一一该彻，彼彼无障无碍，各各无坏无杂，如当台古镜，影现重重，如帝网千珠，回环交摄。此约诸法迭互相望，是为圆融。

今合绝待圆融为一宗。正绝待时即圆融，正圆融时便绝待。非离绝待别有圆融，绝待，绝待其圆融。非离圆融别有绝待，圆融，圆融其绝待。绝待、圆融，各皆不可思议。今共合为一宗，则不思议中不思议也。

又超情离见为宗。以但约诸法绝待，离过绝非，已超一切众生情妄执着、三乘贤圣所见差别。若约诸法圆融，圆该四句，融会百非，尤非凡情圣见之所能及。故总立超情离见为宗。

初以唯心为宗，次以唯佛为宗，三以绝待圆融为宗，末以超情离见为宗。总此四重宗旨，方是一句弥陀正宗宗旨，岂易言哉！

（二十六）

此一念佛法门，如天普盖，似地普擎，无有一人一法，能出其外，不在其中者。

如《华严》全经，虽有五周、四分之殊，以“因果”二字，该尽无余。四十一位因心，无一心而不趋向果觉，四十一位所修种种法行，岂非皆念佛法行也。而末后普贤以十大愿王，导归极乐，为全经一大结穴，不其然乎！

又“华严”者，以万行因“华”，庄“严”一乘佛果。此万行非念佛行耶？《华严》具婆须密女、无厌足王、胜热婆罗门等无量门，然皆显示毗卢境界。此无量门，非即念佛门耶？

《法华》一经，从始至终，无非开示悟入佛知佛见。此非始终唯一念佛法门耶？

《楞严》最初显示藏性，明成佛之真因也；其次拣[1]选圆通，示成佛之妙行也；后历六十圣位，圆满菩提，归无所得，证佛地之极果也。背此则成七趣沉沦，向此则明五魔扰乱。末后云：“有人身具四重、十波罗夷，瞬息即经此方他方阿鼻地狱，乃至穷尽十方无间，靡不经历。若能一念将此法门，于末劫中开示未学，是人罪障应念消灭，变其地狱所受苦因，为安乐国。”此则彻始彻终，唯一念佛法门也。

总佛一代时教，三藏十二部，半满权实、偏圆顿渐，种种法门，无非显示唯心自性，圆成无上妙觉而已，得非总一大念佛法门耶？

至如禅宗，达磨大师西来，但当曰：“直指人心见性”便了，而云“成佛”者，非宗门亦念佛门耶？故合二派、五宗，千七百则公案，不过指点当人本源心性，显示本有清净法身。法身横遍竖穷，无所不遍。而参禅人，要须时时现前，头头相应。此何在而非念佛法门哉！至如“佛之一字，吾不喜闻”、“一棒打杀，与狗子吃”等语，皆显示法身向上胜妙方便，是真念佛也。往往无知之辈，谓宗门中人，不宜念佛。此不唯不知念佛，岂真知宗哉！

不唯宗教两门如是，即普天之下，士农工商，诸子百家，

① “拣”，嘉庆二十二年《梦东禅师遗集》二卷本中作“陈”。

纵不欲念佛、不知佛者，亦不能出于念佛法门之外。以彼去来动静，咸率此道，百姓日用而不知也，所谓“一气不言含有象，万灵何处谢无私”，“夹路桃花风雨后，马蹄无地避残红。”

（二十七）

一、真为生死，发菩提心，是学道通途。

二、以深信愿，持佛名号，为净土正宗。

三、以摄心专注而念，为下手方便。

四、以折伏现行烦恼，为修心要务。

五、以坚持四重戒法，为入道根本。

六、以种种苦行，为修道助缘。

七、以一心不乱，为净行[1]归宿。

八、以种种灵瑞，为往生证验。

此八种事，各宜痛讲，修净业者，不可不知也。

（二十八）

众生所轮回者，六道也。余趣众生，为惊瞋苦乐所障，无暇向道。可以整心虑，趣菩提，唯人道为能耳。但失人身者，如大地土，得人身者，如爪上土，人身岂易得乎？

① “行”，有本作“心”，嘉庆二十二年《梦东禅师遗集》二卷本及《彻悟禅师遗稿》中作“行”，现按之校订。

人道众生，从生至壮，以及老死，眼之所见，耳之所闻，无非世间尘劳生死业缘耳，佛法岂易闻乎？

得人身已难，况得男子身、六根具足尤难；闻佛法已难，况闻弥陀名号、净土法门尤难。何幸而得难得之人身，何幸而闻难闻之佛法，闻之而犹不肯信，不深为可惜也哉！

不信姑置。即如信者，信而不愿，犹不信也。愿而无行，犹弗愿也。行而不猛，犹弗行也。行之所以不猛，由愿不切，愿之所以不切，由信不真。总之生真信难。信果真矣，愿自能切；愿果切矣，行自能猛。真切信愿，加以勇猛力行，决定得生净土，决定得见弥陀，决定证三不退，决定一生补佛。既得生净土矣，旷大劫来生死业根，则从此永断。既一生补佛矣，至极尊贵无上妙觉，则便得圆成。此一念真信所关系者，岂浅浅哉！苟非障道缘薄，生死业轻，久种善根，宿因深厚者，何以能尔。

然吾人无量劫来，业力轻重，善根深浅，皆莫得而知。但业力由心转变，善根在人栽培。是故宏法者，不得不善巧方便，恳切开示。而学道者，不可不竭力奋勉，勇往直前。但一言入耳，一念动心，皆可转变业力，皆能栽培善根。虽闻种种紧要开示，都无一言所入。虽遭种种逆顺境界，曾无一念奋发。是为真业力深重，真善根轻鲜，则亦莫可如何也矣。

（二十九）

现前一念心性，本与佛同体。佛已久悟，而我犹迷。佛虽已悟，亦无所增。我虽犹迷，亦无所减。佛虽无增，以顺性故，受大法乐。我虽无减，以背性故，遭极重苦。佛于同体心性之中，虽受法乐，以同体大悲、无缘大慈，念念忆念于我，念念摄化于我。我于同体心性之中，虽遭众苦，不知仰求于佛，不知忆念于佛，但唯逐境生心，循情造业，旷大劫来，五逆十恶，种种重业，何所不造？三途八难，种种大苦，何所不受？言之可惭，思之可怖。设今更不念佛，依旧埋头造种种业，依旧从头受种种苦，可不愧乎？可不惧乎？

今且知佛以大慈大悲，于念念中忆念摄化于我，则我今者深感佛恩，故应念佛。一向长劫枉受众苦，欲求脱苦，故应念佛。已造之业，无可如何，未来之业，可更造乎？生惭愧心，故应念佛。同体心性，既曰本有，即今岂无，只欠悟证耳，求悟心性，故应念佛。

以求悟心念佛，念佛必切。以惭愧心念佛，念佛必切。以畏苦心念佛，念佛必切。以感恩心念佛，念佛必切。我不念佛，佛尚念我。我今恳切念佛，佛必转更念我矣。大势至菩萨云：“十方诸佛，怜念众生，如母忆子。子若逃逝，虽忆何为？若子忆母，如母忆时，母子历生，不相违远。若众生心，忆佛念佛，现前当来，必定见佛，去佛不远，不假方便，自得心开。”此大士亲证实到境界，吐心吐胆相告语也。我今念佛，必得见佛，一得见佛，便脱众苦，即开悟有期。果得开悟，便可一痛洗已往之惭愧矣。佛尚可不念乎？

（三十）

一切众生本来是佛，真心本有，妄性元空，一切善法，性本自具。但以久随迷染之缘，未断元空之妄，未证本有之真。善本具而未修，佛本是而未成。今欲断元空之妄，证本有之真，修本具之善，成本是之佛，而随悟净之缘者，求其直捷痛快、至顿至圆者，无如持名念佛之一行矣。

以能念之心，本是全真成妄，全妄即真。所念之佛，亦本全德立名，全名即德。能念心外，无别所念之佛。所念佛外，无别能念之心。能所两忘，心佛一如。于念念中，圆伏圆断五住烦恼，圆转圆灭三杂染障，圆破五阴，圆超五浊，圆净四土，圆念三身，圆修万行，圆证本真，而圆成无上妙觉也。一念如是，念念皆然。但能念念相续，其伏断修证，有不可得而思议者矣。以是全佛之心，念全心之佛，实有自心果佛全分威德神力，冥熏加被耳。

一句佛号，不杂异缘，十念功成，顿超多劫。于此不信，真同木石。舍此别修，非狂即痴。复何言哉！复何言哉！

（三十一）

问："诸方皆有净土，何专赞西方，求愿往生耶？"

答："此非人师意也，乃金口诚言，分明指示故；大乘显密诸经，同指归故；令初心人专注一境，三昧易成故；四十八愿为缘，缘强故；十念为因，因胜故；佛与众生，偏有缘故。

此土众生，无论僧俗男女老幼善恶之人，当其处极顺逆苦乐境缘之时，多必由中而发，冲口而出，念佛一声。然不念佛则已，凡念佛必念阿弥陀佛，此谁使之然？盖众生久蒙佛化，久受佛恩，与佛缘深故也。

且此《弥陀》一经，罗什最初译成，东林远祖，即与一百二十三人，结社念佛。其一百二十三人，以次渐化，临终皆留瑞应。虽鹦鹉、八八儿念佛，化时皆有瑞相。此非众生与佛缘深，谓之何哉？

又《无量寿经》云：'当来经道灭尽，我以愿力，特留此经，更住百年，广度含识。'夫不留他经，而独留此经者，岂非以此法门，下手易而摄机普，入道稳而获益速耶？以是而知，其时愈后，此法愈当机矣。"

（三十二）

世间众生，当处急难痛苦之时，嗥叫父母，呼天唤地。

不知父母人天王等，不能救我生死、尽我轮回，以其同在生死轮回故耳。二乘圣人，虽出生死，无大悲心，无益于我。诸菩萨等，虽有大慈悲心，以其心证各有分限，未能普利众生、满一切愿。十方诸佛，虽皆证穷法界，然我感之不易；纵感极而见，不过暂时离苦，终非究竟。唯阿弥陀佛，但得一见，即顿脱生死，永断苦根矣。唯此一句阿弥陀佛，是所当尽心竭力者。予曾有偈云：“世间出世思惟遍，不念弥陀更念谁。”

然而念佛不难，难于坚久。果能坚持一念，如生铁铸成、浑钢打就，如一人与万人敌，千圣遮拦不住、万牛挽不回头，如是久之，必能感通相应。若其未能如此用心，便谓佛言无验、佛心难感者，夫岂可哉？但得一念感通，便顿出生死、直登不退、稳成佛果，岂易事也哉！

（三十三）

知小而不知大、见近而不见远者，此众生之常分也。如阿弥陀佛，于诸众生有大恩德，众生不知也。佛于无量劫前，对世自在王佛，普为恶世界苦众生，发四十八种大愿。依愿久经长劫，修菩萨行。舍金转轮王位、国城妻子、头目脑髓，不知其几千万亿。此但万行中内外财布施一行也。如是忍人所不能忍，行人所不能行，圆修万行，力极功纯，严成净土，自致成佛。分身无量，接引众生，方便摄化，令生彼国。

然则如为一人，众多亦然。如为众多，一人亦然。若以众多观之，佛则普为一切众生也。若以一人观之，佛则专为我一人也。称性大愿为我发也，长劫大行为我修也，四土为我严净也，三身为我圆满也。以致头头现身接引，处处显示瑞应，总皆为我也。我造业时，佛则警觉我。我受苦时，佛则拔济我。我皈命时，佛则摄受我。我修行时，佛则加被我。佛之所以种种为我者，不过欲我念佛也，欲我往生也，欲我永脱众苦、广受法乐也，欲我展转化度一切众生、直至一生补佛而后已也。

噫！佛之深恩重德，非父母所可比，虽天地不足以喻其高厚矣！非闻开示，安知此意？不读佛经，安晓此理？今而后，已知之矣，唯有竭力精修，尽报归诚，拼命念佛而已，复何言哉！

（三十四）

一切众生，为利钝十使所使，久经长劫，流转生死，受大苦恼，不能出离，可悲也。十使者何？即身、边、邪、见、戒，此五为利使，以发动轻便故。贪、瞋、痴、慢、疑，此五为钝使，由利使所生，对利说钝故。

此之十使，众生或多或少，各有偏重。若带之修道，但唯增长邪见烦恼，决无相应分。如欲断之实难。以此十使，于四谛下历三界九地，有八十八使见惑、八十一品思惑。但断见惑，如断四十里流，况思惑乎？若见思二惑，毫发未尽，分段生死，不能出离。此所谓竖出三界也，甚难甚难。

然此十使，总名众生知见。古德谓众生知见，须以佛知见治之。佛知见者，即现前离念灵知也。然此灵知，不能孑然自立，必随缘起。不随佛界之缘，便随九界缘起。离十界外，无别缘起故。欲随佛界缘起，无如以信愿心，持佛名号。但信贵深，愿贵切，持名贵专勤。果以深切专勤之心，信愿持名，即是以佛知见而为知见，亦即是念念中，以佛知见，治众生知见也。炽然十使心中，但置一信愿持名之心，即转生界缘起，为佛界缘起。此于修道门中，乃点铁成金极妙之法耳。只须赤体担当，久久勿替，管取金台可以坐待，宝莲不日来迎。是为从此同居，生彼同居，横出三界。较之竖出者，不亦省力也哉！

（三十五）

一句阿弥陀佛，是阿伽陀药，无病不疗；是如意珠王，无愿不满；是生死苦海之慈航，无苦不度；是无明长夜之慧灯，无暗不破。但得一历耳根，便为有缘。但能一念信心，便可相应。

信心果真，愿不期发而自发。只将此信愿二法，常存在心，如忠臣之奉明君密旨，孝子之受慈父严命，忆念不忘，作为第一件要事。不论所处境界，静闹闲忙，多念少念，总皆为往生正因。只恐把作近似间耳[①]。

① “把作近似间耳”，有本作“介在勤怠间耳”。

吾人旷大劫来，久在轮回，岂永不发求出离之心、修向道之行耶？皆废于因循，败于怠惰。所以常在生死，受大苦恼。今闻持名简要法门，若仍循故辙，安于覆败，可谓第一等无血性汉子矣！

（三十六）

所谓执持名号者，即拳拳服膺之谓，谓牢持于心而不暂忘也。稍或一念间断，则非执持也。稍或一念夹杂，则非执持也。

念念相续，无杂无间，是真精进。精进不已，则渐入一心不乱，圆成净业焉。若到一心不乱，仍复精进不辍，将见开智慧，发辩才，得神通，成念佛三昧，以至种种灵异瑞相，皆现前矣。如蜡人向火，薄处先穿。但不可预存期效之心，唯当致力于一心不乱耳。

一心不乱，乃净业之归宿，净土之大门。若未入此门，终非稳妥。学者可不勉哉！

（三十七）

修习一切法门，贵乎明宗得旨。今人但知万法唯心，不知心唯万法；但知心外无佛，不知佛外无心；但知无量为一，不知一为无量；但知转山河大地归自己，不知转自己归山河大地。

然既不知心唯万法，岂真知万法唯心哉！既不知佛外无心，岂真知心外无佛哉！所谓一个圆球，劈作两半，离之则两伤，合之则双美也。是故念佛者，必以唯佛唯土为宗。若唯佛唯土之宗不明，则真唯心义不成。果透真唯心义，则唯佛唯土之宗自成。

既成此宗，则一句所念之佛，所生之土，全体大用，横遍竖穷，独体全真，包罗无外。所念既尔，能念亦然。是谓以实相心，念实相佛。以法界心，念法界佛。念念绝待，念念圆融。以绝待故，全超一切法门，无与等者。以圆融故，全收一切法门，无出其外者。此之谓法无定相，遇缘即宗，繁兴大用，举必全真。一句阿弥陀佛，须恁么信，恁么念，方是不思议中不思议也。

（三十八）

生佛不二，平等共有者，唯此现前离念灵知耳。诸佛以随悟净因缘，悟之又悟、净之又净，悟净之极，故其灵知横遍竖穷，广大无外也。众生以随迷染因缘，迷之又迷、染之又染，故其灵知局然促然，介尔微劣也。然即此介尔灵知，与诸佛广大灵知，觌体不二，毫发无差。使其得随悟净之缘，业尽情空，则此介尔之知，当下转为广大无外之灵知矣。如一星之火，能烧万顷荒田。

然此现前一念灵知，若约所知之境，固有广狭胜劣之不同。若约能知之知，则全体无异。如同一火也，烧檀则香，烧粪则臭。所烧虽殊，能烧之火无二。又如同一水也，清浊不同。同一镜也，昏明有异。清浊虽殊，湿性不二。昏明虽异，光体是同。水同一湿也，浊者可使澄之而清。镜同一光也，昏者可使磨之而明。光昏者为带垢耳，垢非光，光者镜之本体也。水浊者为杂尘耳，尘非湿，湿者水之本性也。此一念灵知，如水之湿，如镜之光，如火之烧，举体无异者也。

唯其举体无异，故于修道方便门中，便有多门。有但仰慕诸圣者，有但尊重己灵者，有外慕诸圣内重己灵者，有不慕诸圣不重己灵者。

若但仰慕诸圣者，如本分念佛之人，以知诸圣皆已先证我之己灵，语默动静，皆堪垂范，我曹若不仰慕诸圣，则进修无路矣，故或专持名号，或观想音容，三业虔诚，六时敬礼，倾心皈命，尽报遵承，及乎时至缘熟，感应道交，心地大开，灵光独露，乃知我之己灵，原与诸圣平等无异，亦不可不自尊重也。

又但尊重己灵者，如宗门参禅者，以直指人心，见性成佛，故唯欲十二时中，四威仪内，独露当人面目，受用本地风光，离心性外，毫无取着，所谓“任他千圣现，我有天真佛”也。及乎造诣功深，悟证已极，乃知一切诸圣，皆久已先证我之己灵者，尤不可不仰慕也。

又外慕诸圣内重己灵者，夫欲尊重己灵，必须仰慕诸圣；

唯其仰慕诸圣，正是尊重己灵。又仰慕诸圣，必须尊重己灵。若不尊重己灵，岂能仰慕诸圣？此则内外交修，心佛等重。既无偏执，进道弥速。至于力极功纯，全体相应，乃知诸圣，但不过先证我之己灵而已，无庸仰慕。而我己灵者，亦不过平等齐于诸圣而已，何劳尊重。

又不慕诸圣、不重己灵者，此谓寸丝不挂，心佛两忘，彻底撒开，迥无依倚，外遗世界，内脱身心，一念不生，万缘坐断，至于久久功熟，圆满证入，本灵独露，诸圣顿齐。虽不仰慕诸圣，乃善仰慕。虽不尊重己灵，却真尊重。

此之四路，学者自谅根性，各随好乐，但当一门深入，久之必皆有相应。切不可妄生执着，轻发议论，出奴入主，是一非余。不唯背妙道而成障碍，将恐谤大法而招愆尤也矣。

（三十九）

《楞伽经》云："诸圣所知，转相传授，妄想无性。"二祖云："觅心了不可得。"《起信论》云："若有能观无念者，即为向佛智故。"《华严合论》云："顿悟一念缘起无生，超彼三乘权学等见。"此佛经祖语，菩萨知识造论，皆就现前一念指点，显妄性本空也。

夫妄本空而真本有，非佛而何？但众生久随污染之缘，未能顿复其本空耳。须以清净缘起，渐而转之。以吾即佛之因心，念吾即心之果佛。因果从来交彻，心佛法尔一如。而吾即心之果佛，无缘大慈，同体大悲，本自不可思议。且吾即佛之因心，深信切愿，专恳持名，亦复不可思议。能于念念中，齐澄众染，圆显本空，顿契灵源，直趣果海。然则清净之缘，无过此者。

但于念时，当万缘放下，一念单提，如救头然，如丧考妣，如鸡抱卵，如龙养珠，不期小效，不求速成。但只一心常恁么念，是名无上深妙禅门。此则根身世界，密随其心，念念转变。殆非凡心肉眼，所能知见者也。及乎报终命尽，弥陀圣众，忽现在前，或现异香天乐，诸灵瑞相。世人方谓净业成就。然净业之成，岂此时乎？

（四十）

念佛当生四种心。云何为四？一无始以来造业至此，当生惭愧心。二得闻此法门，当生庆忻[①]心。三无始业障，此法难遭难遇，当生悲痛心。四佛如是慈悲，当生感激心。此四种心中有一，净业即能成就。

念佛当长久，不可间断。间断，净业亦不能有成。长久当勇猛，不可疲怠。疲怠，净业亦不能成。长久不勇猛，即有退。勇猛不长久，即无进。

① “庆忻”，有本作“忻庆”、“欣庆”。

（四十一）

当念佛时，不可有别想。无有别想，即是止。当念佛时，须了了分明。能了了分明，即是观。一念中止观具足，非别有止观。止即定因，定即止果。观即慧因，慧即观果。一念不生，了了分明，即寂而照。了了分明，一念不生，即照而寂。

能如是者，净业必无不成。如此成者，皆是上品。一人乃至百千万亿人，如是修，皆如是成就。念佛者可不慎乎！

彻悟大师文集

《梦东禅师遗集》卷中

门人唤醒、了睿辑录

— 杂 著 —

般若、净土两门大义

般若，乃即缘起而明性空，虽性空而不坏缘起。净土，乃即性空而明缘起，虽缘起而不碍性空。此则空有两门，互不相碍也。

不特于此。正以缘起故性空。若非缘起，说谁性空？此则缘起为性空之所以。又以性空故缘起。若非性空，何从缘起？此则性空为缘起之所以。若然者，空有两门不但不相碍，且复迭互相成矣。即古所谓“万象参天，观之而无色。群音揭地，听之而无声。”愈有愈空，愈空愈有者矣。

夫缘起性空，既在同时，任运便有双泯双存之面目。双泯双存，同时无碍，即是向上圆融不思议第一义谛。圆融第一义谛，即是当人本源心性之异名。是知佛说种种般若门，无非显示此本源心性。佛说种种净土门，亦无非显示此本源心性。从本源心性，流出种种般若、净土法门。而种种般若、净土法门，皆悉指归本源心性。所谓无不从此法界流，无不还归此法界也。

昔有人问云栖大师云："参禅、念佛，如何得融通去？"大师答云："若然是两物，用得融通着？"噫！旨哉言乎。夫禅者，净土之禅；净土者，禅之净土。本非两物，用融通作么。然则般若、净土两门，既唯一本源心性，不唯分无可分，亦且合无可合。分合尚著不得，况可更论其相成、相碍也哉！

“西有”解

西有者，谓西方的的是有，但含事理空有等种种义相耳。

若谓定方实有，不可移易，此凡情执着之常有也。

若谓一切境界，循业发现，即其现处，当体全空。此则非有而有、有即非有、真空妙有二谛交彻之有也。

若互夺双亡，二谛俱泯，则非空非有之有也。

若相成两立，二谛俱存，则即空即有之有也。

若正双泯时，便双存，正双存时，便双泯，双泯双存同时无碍之有也。

又此有，缘起性空，不堕有句；性空缘起，不堕空句；二义只成一法，不堕亦有亦空句；一法宛具二义，不堕非有非空句；此则四句全超之有也。

又此有，性空缘起，该得有句；缘起性空，该得空句；二谛双存，该得亦有亦空句；二谛俱泯，该得非有非空句；此则四句全该之有也。

又唯全超故全该，设有一句不超，亦不能全该四句；唯全该故全超，设有一句不该，亦不能全超四句也；此则圆教有门之有也。

又西方依正庄严，皆一切众生性所本具，特借弥陀大愿为增上缘因，一显发耳，曾何片法之新得哉！此则西有者，乃自性本具真善妙有之有也。

又有句固是有句，有句亦是空句，有句亦是亦有亦空句，有句亦是非有非空句。一句即四句也。

一句既即四句，四句亦即一句。有句固是有句，空句亦是有句，亦有亦空句亦是有句，非有非空句亦是有句。全一即四，全四即一。一四圆融，不可思议。

又此有空等四句，执之则成四种邪见，通之则为四方便门。执成邪见网，永堕外道种族。通为方便门，便入圣贤阶位。故曰：般若如大火聚，触着便烧。此谓四边不容执着也。又曰：般若如清凉池，随方可入。此谓四门皆堪入道也。然全大火聚是清凉池，非离火聚别有凉池。全清凉池是大火聚，非离凉池别有火聚。所谓毫厘有差，天地悬隔；毫厘无差，天地悬隔也。

“相相离相、心心印心”略解

原夫境逐念生，念泯则相相离相。妄依真起，达真则心心印心。惟其离也，有相皆归实相；即斯印矣，无心不属真心。是以滞相迷真，头头障碍；背尘合觉，法法圆通。

心相大端，略申管见。精微详释，以俟多闻。

《华严经》节略要旨

《大方广佛华严经》者，乃毗卢遮那如来，于菩提场，初成正觉，七处九会，一音顿演，称性法门也。

按《西域记》，此经有三本，上、中二本，其偈品以世界微尘论，下本犹有十万偈、四十八品。结集之后，收入龙宫。以上中二本，非阎浮提人心力能持，故龙树大士，但于龙宫记出此本，流布人间。而经来此土，有晋、唐两译。佛陀跋陀罗所译，六十卷、三十四品。唐·实叉难陀所译，八十卷、三十九品，即今经也。然文虽未备，义已周圆，神而会之，存乎其人。

文中前后，共有七处九会，古德判为五周四分，曲尽精详，今古同遵焉。

第一会说毗卢遮那如来依正因果法门，经文凡十一卷、六品，即四分中举果劝乐生信分，五周中所信因果周也。（此中因果，乃圣位中修证之圆因妙果，非善恶因果之谓也，后皆仿此。）

其次六会，以次说十信、十住、十行、十回向、十地、等妙二觉法门，共四十一卷、三十一品，即四分中修因契果生解分，五周中差别因果、平等因果二周也。

第八一会，说离世间法门，普慧云兴二百问，普贤瓶泻二千酬，重明因果行相，共七卷、一品，即四分中托法进修成行分，五周中成行因果周也。

第九一会，有本有末。初如来现相放光，具答诸菩萨心念所请果海中事三十问，令其现证，为本会；后文殊于福城东际大塔庙前，令六千比丘顿证十信满心，指善财童子南参诸善知识，为末会；共二十一卷、一品，即四分中依人证入成德分，五周中证入因果周也。以前三十八品，虽广谈法界因果，但令生信、开解、起行、造修，至此方始证入。苟无此证，前之信解行俱为虚设，故以证终焉。

详夫全经之大旨，统惟一真法界焉。盖圆该万有，唯是一心，觌体全真，融通交摄。是为诸佛极证之果海，亦即众生本有之心源也。

然法界势含四重，（谓理法界，事法界，理事无碍法界，事事无碍法界也。）重重无尽。因果缘起六位，（即前信、住、行、向、地、等妙二觉也。）位位圆融。圆融不碍行布，行布于圆融。差别非离平等，平等其差别。初则举法界而全成因果，万德万行昭然。后乃融因果而混同法界，一毫一尘廓尔。虽四重六位有殊，隐显开合无定，而原始要终，究不离乎一真法界。故曰“无不从此法界流，无不还归此法界”也。

是以一心万法，舒卷自由，三际十方，纵横无碍。十世古今互现，无边刹境交罗。犹帝网之千珠，光含众影；类天池之一滴，味具百川。故界标华藏，具见染净之融通，而佛号毗卢，直示应真之不二。五周四分之金文，澜翻于口海。六相十玄之妙旨，星灿于义天。可谓教启无上圆宗，法穷甚深理窟者矣。

故得若闻、若见，圆文殊智鉴于自心；或诵、或持，启普贤行门于遍界。人人入金刚之藏，尘尘树功德之林。直得一生事办，则我即善财。但使法界愿周，而谁非净满。《经》云："此经不入一切余众生手。"《论》云："唯付嘱最上大心凡夫。"斯言岂无谓哉！故知排斥久修开士，聋瞽上德声闻，是皆所以融权执、引大心之深意也。

然则食金刚之少许，固已植乎圣因；剖大经于微尘，终有待夫智者。况一字法门，海墨书而不尽；千重楼阁，指声弹而顿开。非贝叶之所能诠，岂管窥可得而测。谬承叱命，愧乏精思，勉述大端，聊备采览云尔。

如欲详明者，藏中有清凉观国师《疏钞》，枣柏李长者《合论》。其疏尽精微，冲深包博。而论得大体，痛快直截。二者参而观之，则《华严》大旨，无余蕴矣。

《楞严》二决定义

初义盖示根中之湛性为真因，真因得而后果证可期。二义盖指根中之结相为惑本，惑本明而后断修有要。湛性者，六根之性也，不变之真也。结相者，六根之相也，随缘之妄也。斯则唯一六根，特相妄、性真之别耳。惟其相妄，故须解之令尽；惟其性真，故可依而为因。

然真既不变，则妄即本空。而妄既缘起，则真必全隐。约妄缘起而真全隐，修德固不可缺。且真不变而妄元空，性德尤所当明。性德固资修德而显，修德全依性德而成。合二门之义而观之，则真妄交融，性修双妙之旨，无余蕴矣。

然则推此而往，根身世界，物物头头，真也妄也，圆陀陀，活泼泼，浑无定相；云为动作，心心念念，性也修也，净洒洒，赤裸裸，了无定执。夫如是，则何惑不断、何果不成？而实亦无断无不断，无成无不成。特对迷心倒见者强分别耳。

《楞严》顿歇渐修说

前云“汝但不随分别三种相续，狂性自歇，歇即菩提，何藉劬劳肯綮修证？”似令一念顿歇也。此云：“菩提涅槃，尚在遥远，非汝历劫辛勤修证，虽复多闻，只益戏论。”似令历劫渐修也。阿难之根，不劣于满慈，而满慈之位，差胜于阿难，何其修证难易之相悬若是耶？

此盖世尊据念劫圆融之理，顿渐不二之宗，显妄空以夺法执，斥徒闻而策真修。即所谓看孔著楔，应病与药也。

试论之。一念歇狂，顿也，不了则流为长劫。历劫勤修，渐也，究亦不离于一念。此念劫、顿渐，似相悬而实不离也。况乃念性元空，时节无体，迷时似有隔异，悟后本自圆融。一念本不殊长劫，而长劫原只是一念。复何念劫、顿渐之可疑哉？向使满慈不索妄因而执实有，阿难不溺多闻而废进修，则世尊顿歇渐修之说，亦不容拈出矣。

《楞严经》知见无见说

《楞严经》“知见无见”一语，至为要妙，总摄一切诸要妙句。以其即是“见犹离见”也，“华屋之门”也，“狂心顿歇”也，“不取无非幻”也，“闻复翳根除”也，“归无所得”也，“灭妄名真”也，“全修在性”也，“觅心了不可得”也，“心空及第归”也，“子转身而就父”也，“臣退位以朝君”也，“父子投机”也，“君臣道合”也，“以少方便疾得成佛”也，“缘起无生”也，“‘知’之一字众妙之门”也，“刹那而登正觉”也，“体得无心道”也，“休”也，“诸圣所知，转相传授，妄想无性”也，“一超直入如来地，回头惭愧好儿孙”也，“自是不归归便得，故乡风月有谁争”也，“撒手到家何所似，更无一物献尊堂”也，“知而无知，不是无知而说无知”也，“即此见闻非见闻，无余声色可呈君”也，“根既不立，尘无所缘，根尘两亡，灵光独耀”也。类此句义，不能尽举。唯此四句，摄尽无余。所谓紧要处佛法无多子也。果能一念相应，是为真转全经。古德如慈明圆、权大道、栖贤舜、广道者等诸人，于大见道后，皆作此工夫，谓之无心体道。以其是还乡要路，归真秘诀也。

《金刚经》“实无有法发菩提心”说

《金刚经》圆明五眼、洞彻三心一段，乃解上文“实无有法发菩提心者”之义，谓众生所以为众生者，为有妄心故也。三心既不可得，众生岂复可得？众生不可得，谁为能发之人？三心不可得，何为所发之心？故曰“实无有法发菩提心者”。

又妄心不可得，则全妄即真。众生不可得，则全生即佛。果见到全妄即真，全生即佛，是为不发而发，称性开发阿耨多罗三藐三菩提心。如此发心，何更有法可得？故曰“实无有法发菩提心者。”

《一乘决疑论》说

“欲得不招无间业，莫谤如来正法轮”，此古德大慈悲心泪出痛肠语也。良以我释迦如来，为众生故，修证此法，无央数劫，行诸一切难行法行，舍所爱之国城妻子、头目脑髓，不知其几万千亿。至于道成，仍以平等大悲，顺悉檀义而敷衍之。故凡一句一字，皆无明长夜之宝炬，生死苦海之慈航。凡在有情，孰不蒙益？而诸子以依违之见，肆口诋呵，障正法明[①]，瞎将来眼，疑误众生，殊非小小。谓其无罪，宁有是处？兹以一乘之理，剖决群疑，正大光明，直截痛快，荡迷云而净尽，耀佛日以重光，诚为法门一大金汤矣。

当是时也，诸子天眼、法执，果得已通、已忘，自能深生随喜；正使未忘、未通，定当顿获胜益。故知此论之作，非特有益于法门，实则有益于诸子。不唯有益于诸子，且深有益于天下后世之学者。请即流通，以广法施。

---

① “明”，有本作“门”，现按嘉庆二十二年《梦东禅师遗集》二卷本校订。

礼佛说

赵州古佛，城东老姥。戒慎乎其所不闻，恐惧乎其所不睹。固是眼同千日、耳如幽谷，却不解道无固必，又何妨因我礼汝。今将垂范后昆，却乃调翻前古。虽似截鹤续凫，然亦不无小补。忽有个傍不甘的，摇手道：“何苦！何苦！彼既一十，汝乃二五。”某应之曰：“一棚傀儡大家舞。”

红螺普同塔说

沙门者，学死者也。夫四大如幻，五蕴性空，生本不生，死本不死，是之谓不生不死。达此者之谓无生，契此者之谓涅槃。是谓参学事毕，所作已办。

生，幻也；死，幻也；涅槃，亦幻也。以幻塔而藏幻骨，是谓收因结果，了幻中之幻。经云："知幻即离，不作方便。离幻即觉，亦无渐次。"恰与理合。著此骨堆，不唯无我，即骨堆亦空。了此则证四圣，昧此则堕六凡。是知生佛十界，均不外此骨堆耳。本色道人，触此骨堆，定能于百骸未散时著眼。四重净土，何土也？九品莲台，何台也？生此土、登斯台，受大法乐，得大自在，而于得生本起宿因之地，能无一念及乎？

嘉庆丁卯（嘉庆十二年，公元 1807）秋重九日

个庵老人生塔说

诸缘无性，生从何来？大地绝尘，塔将安寄？无生之生，色身、法身不隔。非塔而塔，七尺、八尺何妨。直饶如斯会取，要与老人相见，犹似芦沟桥上望潼关，尚大远在。况夫必待顽石高竖、幻迹详陈，缚见闻于影响、涂眉目于虚空，认假相假名为实法、执一事一行而论人，窃知老人之头，将不屑于横点矣。

或曰："子作是说，理固善矣。然则建塔植树，非老人之意欤，得毋过尊而失其实？"

余曰："不然。独不闻古有修无缝塔、栽无影树者乎？借巧样于邻庵，垂嘉训于末学。实一时之偶合，亦千载之佳话也。"

或人笑曰："无缝塔，何塔也？无影树，何树也？乃以此塔此树而拟之，何迂谬之甚也？"

噫！是不唯不识无缝塔、无影树，即此塔此树，亦何尝识。正所谓执相徇名者也。试一于此澄心敛念，审谛观之，所谓无缝塔、无影树者，其果离此塔、树为别有耶？抑亦即此塔、树而便是乎？如是谛观久之，必大有以发明。至彼此即离之凝滞，廓然而尽，自亲见老人首肯是说于言象之表矣。

或人退。遂以是说质诸老人。老人笑而不答，命勒之塔末。

阐教禅师塔铭

师讳通理，字达天。家直隶新河，族赵氏。父名士公，尝阅大藏。母白氏，敬事三宝。师生髫龀之年，投本邑妙音铎师薙染，从祖显如珍公受学。年十一，侍显至檀越家，值众僧诵《法华经》，师随诵之，若宿习然。举众称异，谓再来人也。至年十九，礼岫云德彰律师禀具足戒，遂依座下学律。未几辞去，遍游讲席，谒衍法元、香嵓来等诸老宿，皆以大器期之。雍正三年乙巳，居妙峰石草精舍，撰《法华新疏》，至《方便品》初，疑情顿发，执笔经旬，一词难措。偶读经至“如是相”处，恍然大悟。回观诸经，向所疑滞者皆洞然矣。岁庚戌，出世遗光，一住二十余年，道风大振。乾隆辛未，受檀那请，开法于嘉兴寺。居无何，复领香界之命。甲申，修三山庵为休老所，遂有终焉之志。丙戌夏，皇六子质王力挽，复出主拈花寺。

师受济北密印于古梅成禅师，传贤宗教观于永祥焕法主。城市山林，历迁四刹，皆以苦心实行为住持，著述讲演为佛事，乘戒俱急为策进，福慧圆修为自宗，兼复善开喻而接纳不倦，故四方学者，奔赴恐后。爰以道声日著，上达宸聪。于辛卯冬仲，赐紫色伽黎以旌异之。壬辰，开清字译馆，翻大藏诸经，师统三宗通晓经旨沙门，日于馆所讲证大义。庚子冬，复蒙敕旨，封阐教禅师，时年八十矣。辛丑，尽出衣钵之资，修华严永安塔。次年夏，示微疾。至六月十三日，集众告别，泊然而逝。

师生于康熙辛巳，世寿八十二，僧腊六十有三。门弟子奉全身塔于永安塔前。师貌温和，气刚果，质体丰厚，慧解过人，持身尚俭约，不惮劳苦，所至辄有兴建。处顺逆之际，操行无少变，有古尊宿风。住遗光、嘉兴日，败壁颓垣，殊不介意，日与学者坐瓦砾堆中，激扬《法华》、《楞严》等要旨。行道垂六十年，戒传十四期，说法三十余会。居常除斋粥莅众外，便焚香注经，执笔辄竟日，若忘人间世。临示寂，犹命弟子取《圆觉新疏》稿读之。师危坐静听，恐录者或有讹脱也。其生平著述，珍重可知矣。晚年尝语人曰："老僧别无长处，特六十余年未离佛法耳。"盖诚谛语也。有《法华》等六疏行世，嗣法弟子若干人，多唱教一方者。

拈花怀公，师之高弟也。乙巳春，具行状以塔上之铭见嘱。余惟《法华》经藏，深固幽远，惟佛与佛，乃能究尽。而况末法宏经，此土尤难。自非灵山得记之人，无敢发是愿者。今也不读成诵，一悟大通，尽形寿以阐扬，广流通而著述。于戏！师其地涌众中之一耶？抑为如来所使之人乎？不然，亦必白毫光中，以无量喻为众讲法、修菩萨行而求佛道者也。故焚香叉手，敬为铭曰：

道本无迷，人自不悟，
佛降西乾，教流东土。
文字性离，体即般若，
非证罔通，知音盖寡。
一会灵山，俨然未散，
与么现前，岂拘禅观。
指点镜灯，卷舒华藏，
广大门风，何惭向上。
师其适生，千年之后，
迹踵天台，家世贤首。
披忍辱衣，坐法空座，
秉愿宏经，垂老不堕。
名刹四迁，殊恩两被，
焰续辉联，云凝花坠。
塔影高标，真身不灭，
万象森罗，炽然常说。

重修中天寺十方常住碑记

原夫插茎草以建梵刹，坐微尘而转法轮。事是恁么事，人须恁么人。余于同学友人销尘法师见之矣。

法师幼脱白于武清邑东北孝力观音寺，具戒后，依增寿慧岸道翁法主习性相宗，遂蒙印可。未几，归受业事师，理院务有年，以道义闻。孝力村东八里许，有寺名中天，门近通衢，颓废日久，唯基址尚存。法师过而有感，愿为兴复，遂捐资倡募，鸠工集材，亲董厥事。历十余年，方始落成，曰佛殿、曰忏坛、曰僧堂、曰丈室，以及客寮、云厨、十方旦过，凡丛林所宜有者咸备焉。复置地若干顷，用充香火，为檀那无尽福德藏。工既竣，丐余文记其事。且曰，将请一名德法师主之，宣演教乘，接待云水，如法熏修，随缘津济，使吾佛大法流通，与邦人结出世缘，作永永传贤之所，而剃度无与焉。

噫！大哉行愿，不啻与日月争光矣。维法师数年苦行，一片血心，不惜劳瘁，不私眷属，唯汲汲然以上续慧命、下广福田为务。且复功成不居，卑以自牧，尊贤重法，宏护唯诚。此岂南阎浮提后五百岁可多得之事耶？夫佛性之在众生，如水之在地，凿而汲之以广利济，要待其人。经不云乎：诸佛两足尊，知法常无性，佛种从缘起，是故说一乘。又曰：凡有闻法者，无一不成佛。以是故知中天此举，乃普与一切见闻随喜者，深植菩提种子，顿了大事因缘也。今而后，凡居斯位者，当必以法师之心为心，以法师之行为行，庶几元风不坠，慈化日隆。其益尘寰而垂来劫，有不可得而限量者。

抑又须知，如上所示招提种种庄严，种种利益，咸于法师偶然感发一念心中，圆满成就，初无欠少。虽后数年种种措办，特不过完此最初一念而已。离此念外，别更何有。万法唯心，于兹益信。一念既尔，念念皆然。一草一尘，莫不如是。夫如是，谓建梵刹竟可，谓无梵刹可建亦可。谓转法轮竟可，谓无法轮可转亦可。法性如是，非强为也。

然法性平等，非有自他。既法师偶有所感，能顺法性入解脱门，建无可建之梵刹，转无可转之法轮，当必有感法师之感者，相继而起，感复致感，感之不已，将见茎草遍插于处处，法轮大转于尘尘。此实余所深望，而亦法师之至愿也矣。为之记。

寿万寿莲筏和尚序

和尚，余同门也，家世姑苏，姓王氏，童年薙染，依宝华山文海律师具戒。云水三十年，参南北知识四十余人，末上入先师万寿粹老人室，乃印心焉。甲午冬，出世西山普觉寺。未几，复迁万寿。所至虽以宗门住持，而时或兼传戒法。数年以来，期经四建，而坛下禀受者辄千余指。今秋重九，大戒将圆。适值和尚六旬初度之辰，其嗣法得戒诸弟子，欲顺世缘，用酬法乳，炷香作礼请余为文以祝。因而晓之曰：

寿者之相，乃我执之异名。如来于《圆觉》、《般若》等经，揭而斥之，其无可取也明矣。然经有云"具寿"，或云"无量寿"者，何耶？盖"具寿"以戒言，重腊非重齿也。"无量寿"以心言，依性不依形也。以戒为寿，持之即具。以心为寿，悟则无量。若是，则孰不可以具寿，而孰不可以无量寿乎？

况因戒名僧，僧而无戒，果僧乎？约心论悟，悟不了心，非悟也。且夫戒也者，所以续慧命也。戒不持，则慧命无以存。心也者，所以体法身也。心不悟，则法身无以显。法身显，我身、诸佛身，同一身也。慧命存，我命、众生命，无二命也。保是身，延是命，是谓寿得其正。以之自寿寿世，则亦无不寿矣。

是故应知，和尚之开坛授戒，嘱累传心，是先以是寿寿诸子。诸子当妙悟自心，精持佛戒，亦还以是寿寿和尚。庶几和尚授得其授，而诸子受不徒受也。抑又须知和尚推此寿而寿诸子，即所以寿众生，亦所以自寿也。诸子能以此寿而自寿，正所以寿和尚，亦所以寿诸佛也。其为寿也，不亦大乎？其为祝也，不亦至乎？若夫一介之躯，六十之年，特空尘海沤、电光石火耳，焉用祝。

诸子闻而欢喜踊跃，遂焚香散花，持是以为寿。

《净土津梁》跋

乙巳仲秋，衍法志公和尚，会刻净土经论文集成，嘱跋数语。余因历观三经，明因举果，大开净土之门；三论，显理破迷，的示唯心之要；《龙舒文》，导初机而精详曲尽；《指归集》，采众善于事理圆通；《或问》数纸，搜决禅者孤陋之疑；《法语》一章，力振行人因循之弊；《云栖愿文》，《自注戒杀放生》等篇，莫非往生急务，助行要门。至若《莲花世界诗》，虽文出游戏，而理实圆常，况写境传神，引心入观，摄化门中为不可少。善哉！念佛一门，得此诸说，无机不被，无路不通，统万流而归净土，诚为一大津梁矣。爰为题名曰“净土津梁”。

然而津梁虽设，履践在人，撩起便行，阿谁无分？所贵贾勇先登，占宝莲之上品；玄关直踏，获法忍于无生。佛记早承，愿轮速转。遍刹网而纵横应化，尽劫波以展转津梁。则苦海劳生，由是而蒙利济者，可复量哉！如其逐世波而忘返，趋险道以苟安，或则玩津梁而不进，守津梁以自足，不惊汩没竛竮之苦，卒致问桥恋筏之讥。其何以慰集者之苦心，且深昧夫命名者之大义也矣。

或曰：和尚秉单传之宗，以祖道自任，当依本分直截示人。夫唯心净土，当处现成；自性弥陀，觌体不隔。乃为是津梁之说，以起人心外有法、去来取舍之见乎？

噫！通玄峰顶，不是人间。心外无法，满目青山，本分直截耶？去来取舍耶？于此缁素分明，许汝会唯心自性。如或未然，莫寐语好。

跋德全禅人血书《莲经》

无我而灵者，佛知见也。有我而昧者，众生知见也。生佛知见无殊，特一妄我间之耳。夫大迷之本存乎我，而我之最爱者莫过身。苟众生之身见不亡，我执不破，则生死轮回，曷能自已。德禅人密发九品净愿，书成七轴《莲经》，以无情之霜刀，刺难出之身血，十指沥干，一心不动。伟矣哉！真无边苦海中顿空我见、直出生死之勇猛丈夫也。

噫！禅人初发是念，莲华种植时也。日渐刺书，莲花增长时也。七卷功圆，莲花光香具足时也。如是则禅人之净因已成矣。但当莫忘本愿，系心念佛，直待此方报谢，彼土花开，即见佛闻法，因圆果满时也。

虽然，即今试问禅人，方金刀裂肉、血笔纵横时，其知疼痛而成点画者，灵耶？昧耶？我耶？非我耶？佛知见耶？众生知见耶？于此了然，则佛国非遥，宝莲正放。或犹未也，请分明记取，以质诸弥陀老子。

跋明初禅人血书《莲经》

金刀未举，斑管未拈，尽十方是部血淋淋的《妙法华经》。于斯见彻，谓灵山一会未散可也，谓灵山一会本不曾会亦可也；向当时喝散可也，于今日再会亦可也。大用现前，不存轨则，如王宝剑，杀活临时。如是刺血，如是书经，是真精进，是名真法供养如来，可以畅本师出世之怀，可以来古佛泥洹之塔。直令十二类生，迎刃而命根顿断；无边法藏，点笔而文彩全彰。莫不滴滴归源，言言得髓。奚止刺无能刺，书无所书，铺好花于锦上，指明月于天边也哉。

明禅人年齿尚少，向道唯诚，刺血书经，皈心乐土。果能闻是说而不生惊怖，是为解第一义，上品生因。如其未然，直须十二时中，四威仪内，以书经之念，念念忘缘，刺血之心，心心忆佛，管取金台可以坐待，妙谛不日亲闻。否则必见我为能书，经为所书，彼是刺血时，彼是书经处。以生灭心，取实相法，转不轻行，为我慢幢。不特全迷妙法，远背佛心，且深负此一点百劫千生不易发起之勇猛净信，为可惜矣！禅人其勉之。

跋禅人勇建血书《楞严经》庄严净土

首楞严者，称性大定之名也。以如来藏心而为体性，以耳根圆通而为入门，以穷极圣位而为究竟。此依藏性之理，起称性之行，还复证入藏性全体。一经大旨，义尽于斯，故文殊于是请结经名。此后复明昧此难免七趣沉沦，修此须防五魔扰乱者，但反衬正宗，以补足其间要务耳。

经中兼明净土，其处有四：

第一，大势至法王子，亲禀念佛法门于超日月光佛，其所陈念法，至为切要，而大士修因契果，自利利他，唯以念佛，皆悉具足。

第二，干慧地中云："现前残质，不复续生。"夫干慧地，虽圆伏五住，见思尚犹未断，何以便不续生？盖超同居秽土，生同居净土矣。智者大师是其明证。

第三，情想升沉中云："纯想即飞，便生天上。若飞心中兼福兼慧及与净愿，自然心开，见十方佛，清净国土，随愿往生。"前干慧地，犹属圣位。此则博地凡夫，纯想之心，便往生有分。此盖我释迦如来大慈悲心，炽然轮回之中，特地拈出此横出三界之要道耳。古今未入圣位之人，临终往生者，是其证也。

第四，流通分中：若有一人身具重罪，将招极恶，一念宏法，变其所受地狱苦因，为安乐国。重罪尚然，况轻罪乎？况无罪乎？无福尚然，况有福乎？况多福乎？一念尚然，况多念乎？况终年终身乎？其往生不在中下品矣。古今宏法诸师，现相往生者，皆其证也。

夫念佛法门，专逗十方之机，三根齐被。耳根圆通，专逗此方之机，惟利上根，且示阿难以就路还家，故文殊大士曲为拣选，非谓耳根独胜，念佛便劣也。读经者不可不知。

禅人血书此经，流通大法，实为希有难能之行。其于往生，当必有分焉。

书《莲经普门品》后

题标妙法，何法也？品号普门，何门也？说者谓一光东照，十界圆彰，随类现身，应念脱苦。未为非是，特其末耳。直须未举以前，向世尊开口不得处，大士回避不及时，亲见法法此法，门门此门。正与么时，不与么会，始具看经眼。否则入海算砂，执指为月，不唯埋没己灵，见惜明眼，将恐普门渐闭，而妙法终隐矣。

默超居士有见于此，得是经而装帙之，嘱缀数语，普为见闻随喜者，震涂毒鼓，食少金刚，其意岂浅浅哉！

二有室跋

经云："从是西方过十万亿佛土，有世界名曰极乐。其土有佛，号阿弥陀，今现在说法。"此金口诚言，分明指示。而世之昧者，犹谬执唯心，横生异议。可悲也。因特书此以名余室，用警省焉。

余以"二有"名室，或者浅之。吁！是尚不知即空之有，有而非有，况复双泯双存、超四句、该四句、圆教有门之有，与夫性具本有之有耶？其谓之浅也宜矣。无庸辩。

覆香严居士书

月内廿九日得尊扎，备悉一切，欣慰无量。

读扎内有“念佛期过三七，尚未见相好”云云。观此用心之切，立行之猛，此百日内，当必有大不思议之成就。但此时不可预存期效之心。存之则增燥动，而翻为障碍矣。此系修行门中微细心病，不可不知。直须深信谛了，心外无佛，佛外无心，全心即佛，全佛即心，一念现前，即一念相应，念念现前，即念念相应。但使此念常现在前，便是真实效验。离此念外，别求效验，便是间断，便不亲切，便入歧路矣。经云：“是心作佛，是心是佛。”正此之谓也。鄙见如此，不识居士于意云何？

至如长水之问，琅琊之答，针锋直截明白，不可更为蛇足。果能于此正眼洞开，觑破琅琊，捉败长水，《楞严》大旨，思过半矣。然虽如此，正好掷向他方世界，且自一心念佛。若曰开少解路，则更不劳拈出矣。《柴紫录》，久闻其名，第未亲见其书，未可悬断。

寺中近日，唯嘉园居士兼旬或一至，此外别无客迹。不慧逐日与诸衲子挥尘谈经，罢即焚香晏坐，或仇校《华严》，或检阅《津梁》，别亦无事。《楞严》已讲竟六卷，约于后七月间，可圆全部。因思半载之内，两终此经，亦阎浮提人生一大快事也。然唯循行数墨而已，绝无一字之新得，并书以博一笑。

答江南彭二林居士书

仰惟居士，深入净宗，广陈法施，自他并利，解行俱圆，可谓现居士身，修菩萨行，不违本愿，不忘佛嘱者矣。向得三经新论，妄为评题，不见罪责，已出分外。兹复寄示种种新刻，嘱令论定，益觉赧颜。山野维教乘大旨，粗知向方，而幼失问学，语不成文。故两处住持二十余年，檀护之门，未投只字。今感居士，虚怀远问，为法之诚，遂顿忘固陋，罄己所知，直词以告。其当否去取，惟高明以自裁焉。《念佛》、《决疑》两论，皆发前人所未发，一以见慧解之超卓，一以彰卫道之真切，并没量大人，出格作用，可续入藏，永永流通。序跋皆精当，间有可商之处，签辩于后。

与瑞[①]一李居士书

屡有书来，曾未覆答。师资心契，谅不我疑。闻在南中竭力办公，尽心护法，修持不辍，劝导惟殷。此则自行化他，二利并举，世法佛法，一道齐行。或雁信时通，或口碑传诵，每一闻见，且慰且欣。因思道无不在，岂分朝野。而修证之际，实有易难。的论修道，出家尚不易，况在家耶？居家已难，况居官耶？故知即尘劳为佛事，化热恼作清凉，苟非忍证无生，位登不退，深入如来之室，权现宰官之身者，恐终不免尘缘渐染，而道念日微也。今贤契信向此道未久，便能于冲繁官署，猛切乃尔，非宿善根力，谓之何哉？虽然，犹须痛念三界无安，肉身苦恼，生死路险，人命无常。幸闻佛法，幸生信心，幻境幻缘，只眼觑破，佛心佛行，赤体担当。净业得修且修，宦場可下便下，无少生留恋，无虚弃光阴，务期事办一生，花开上品。庶几不负自己多生熏习之善愿，我佛长劫护念之慈恩，而成一世出世间之勇猛丈夫焉。

① “瑞”，有本作“端”。

尺香斋白词

死生事大，来日无多，道业未成，实深惭惧。

尊客相看，午后炷香，非敢轻疏，幸垂鉴恕。

款待白词

米不蓄一粒，菜不蓄一茎，一任往来者吃得饱膨脝，吾斯未能，实有深愧。某自住此刹，十余年来，片板自担，门庭日冷，向唯法道难通，今并食轮有碍，因集两序相与而谋。衲子钵盂，从来无底。诸天华雨，那得常飞。若乃拖布袋以逢人放憨，固为可耻。便即鸣犍椎而开门散众，尤不自安。反覆筹度，别无长策，亦唯此事稍可变通。既蒸砂难以疗饥，而画饼岂堪供客。此后凡大衲尊官，檀那法侣，或偶然经过随喜，或专为光顾降临，到来原不因斋，接待但应尽礼。只这点敬心不减，胜满甑香饭别炊。务在一众同遵，便从今日约定，断不以来人或丰或俭，总请随大众同苦同甘。实欲省缘，非敢慢客。伏希鉴恕，莫怪空疏。

衣单疏

衲僧三百六十骨节，在在撑天拄地。道人八万四千毛窍，一一彻古通今。且不资三事斜披，六铢高挂，又岂藉金针暗度，玉线横抽。盖为法身久昧，情执弥坚，未彻一真之极致，难空四大于现前。寒暑迭迁，不无逼恼，龙象云集，宜肃观瞻。是以裸四体于长年，堕邪宗之谬计。著三衣于后夜，定吾教之常仪。令范既垂，昔贤共相依禀。芳规未坠，末学敢不遵承。奈何天际唯高，剪春云而莫及。寒威特甚，编秋草以难堪。故虽静掩禅关，直欲蒲团坐破，而乃孤坚铁脊，翻怜布衲披残。缅维一双鞋留，既解个中著眼，七斤衫破，宁无格外知音。欲使禅和子赤体担当，要凭大居士毫端点出。将看云水别增气象，人天共仰威仪。冷暖自知，谁肯道一丝未挂。果因不昧，君定获多福何疑。

资福寺讲前提纲①

（庚申五月十一日）

禅提向上纲宗，教阐离言大义。向上纲宗，固是教外别传。离言大义，亦即教内真传。教内教外，别传真传，名虽似异，实本无殊。悟别传之谓宗通，得真传之谓说通。二通俱备，三轨无违，然后得座披衣，横身为物，如王宝剑，杀活临时。设自宗不通，安能说法？而无言启迷，何名达者？但宗贵用到，教须说到。毕竟用又用个什么？说又说个什么？用说俱到，则宗教扫土矣。

何似我净业门中，别有方便，只消一句南无阿弥陀佛，将他三藏十二分教典，一千七百则公案，一串穿来，更无少剩。又管甚说到说不到、用到用不到。但暮暮朝朝，只恁么念。

虽然，此是文殊、普贤大人境界。后生晚进，也不得草草。山僧今将世间常情之所共知一问，问诸大德，随己所见，各下一语。期与通方上士，共展风规；出格高流，互扬法道。

---

① 在嘉庆二十二年《梦东禅师遗集》二卷本中，此讲前提纲开首有一首偈：两寺皇都偶梦游，霜华已染鬓丝秋，一声退鼓归来晚，云自高飞水自流。在 1934 年天津佛教功德林重编《梦东禅师遗集》三卷本中，将该偈移到《资福寺讲前示众偈》十六首中作为第一首。

直得红螺山率群峰而腾欢作舞，珍珠泉涌巨浪而喝采扬声，也未为分外事。且道如何是唯心净土？自性弥陀？不须离座，便请速道。

（众无语）

师云：诸人既珍重吝词，山僧只得自代去也。复举前问，著语云：是唯心净土，自性弥陀。但如此下语，足令文字法师，脱胎换骨，却未免助禅和子儱侗之机。不惜饶舌，再代一转。复举前问，著语云：有世界名曰极乐，其土有佛，号阿弥陀。若与么下语，足与虚头禅客，抽钉拔楔，亦未免增座主家廉纤之见。欲得十分亲切，一等痛快，本山今日初转法轮，山僧更代一语，有何不可。复举前问，遂合掌珍重，称南无阿弥陀佛。复云：山僧恁么说话，设有个傍观的呵呵大笑，又且如何解？笑者是我同参。老氏云：上士闻道，勤而行之；中士闻道，若存若亡；下士闻道大笑之，不笑不足以为道。复有人云：下士闻道，勤而行之；上士闻道大笑之，不笑不足以为道。适才傍观之笑，于斯二者，孰同孰异？且笑既同笑，行又同行，上士下士，何自而分？所以道：毫厘有差，天地悬隔；毫厘无差，亦天地悬隔。毫厘有差，天地悬隔则固是。毫厘无差，因甚亦天地悬隔？复珍重称南无阿弥陀佛一声，顾众云：有差耶？无差耶？悬隔耶？不悬隔耶？良久云：良马不知何处去，阿难依旧世尊前。

为阐教禅师入塔

无方大道契环中，悲愿高深海岳同，
应迹但随缘起尽，千江一月去来空。

恭惟拈花堂上法伯老和尚，三宗并阐，四刹迭兴，古道俨存，大方独步，八十二年，广陈法施，百千万劫，恒转化轮。千花座上，撒绝类之戒珠。微笑堂前，提无文之祖印。疏释六经，涨起难思法海。宗崇五教，传来无尽心灯。悟莲经于早岁，白牛曾吐古黄金；叨圣泽以优隆，丹凤晚衔双紫诏。德行巍巍，独尊乎当世；道香馥馥，四布于遐方。正宜与法门作大主宰，何期息缘事而入寂光！使水云失最胜依止，人天增无限凄惶。正恁么时，瓣香初爇，杯茗三倾，且作么生与老人相见？

赤日当天酿白汗，熏风入座动微凉。

为均伯老和尚入塔

七十余年游戏身，去年今昔总同尘，
泥牛耕罢回途处，劫外风光另有春。

恭惟白衣堂上均翁法伯老和尚，法雷初震，败纳于青塔招提；金锡罢摇，活埋向白衣兰若。悬宗镜于机先，不留影像；续心灯于室内，转见光辉。示慳吝乃等凡情，即尘劳而为佛事。不唯彰水云之迹幻，要且见贪欲之性空。所以圣财法宝，寻常间一串穿来；习气识情，末梢头从空放下。到这里长安不住，一步密移。藏明月于怀中，横全身于物外。且正恁么时，老人收因结果立命安身一句，毕竟如何？

万象环罗无缝塔，红尘隔断九仙桥。

慈寿寺熏塔

遍十方是座团圞古塔，光放有时；尽大地是个清净法身，缘感即应。是知时节因缘，全彰佛性；慈光妙应，不外当人。事是恁么事，人须恁么人。变净土，集分身，非老释迦不可。请香饭，借师座，唯大居士为能。道本贯乎古今，法岂间于凡圣？由是瓣香珍重，即一念而过未齐熏；三拜殷勤，遍法界而远近顿礼。全真全应之佛身，只今尘尘出现；即缝无缝之宝塔，从此刻刻放光。故得诚倾缁素，喜动见闻，共植无上圆因，终成究竟妙果。幸逢斯会，愧乏长才。不唯法无可说，亦复赞莫能及。聊为颂曰：

古塔经年谁礼熏，结缘还待有缘人，
试看缁素欢腾处，已放祥光满刹尘。

得戒和尚塔前供

炷香云：

道衍华台，来春风于叶叶；
戒传心地，建佛事于尘尘。

恭惟岫云堂上第七世得戒本师老和尚，得真解脱，具大慈悲，严开遮于毫末，空止作于机先。开示人天正路，廿有余年；安立定慧初基，众机万数。某当初无授受中，既尔师资分定；今日绝献纳处，宜乎感应道交。然则无缝塔前，殷勤展拜，一众观瞻；大寂定里，再四点头，阿谁证据？

云外九峰横碧汉，岩前万树动秋风。

— 赞 —

念佛堂释迦佛像赞

三藏汪洋，五乘浩渺，惑乱众生，犹更嫌少。
开念佛门，倒也却好，只有一事，计较宜早。
若到他年，广行此道，娑婆界空，事或难保。
香无人焚，地无人扫，当与么时，不得懊恼。

阿弥陀佛像赞

（一）

全心即佛，全佛即心，该法报化，绝去来今。当阳独露，遍界难寻。突兀妙峰，未足为高，渊澄香海，未足为深。脑后一锤，顶门一针。七珍池沼水投水，九品莲花金博金。

（二）

皈命世尊，无量光寿，誓重如山，慈逾于母。为我现身，为我垂手，证我发心，灭我宿垢，醒我愚痴，净我身口，惠我宝莲，出我险有。天未足高，地未足厚。我其云何？焚香稽首！

（三）

一心皈命，我佛阿弥，大誓大愿，大悲大慈。胡为乃尔，直至于斯，身为我现，手为我垂，罪容我忏，名许我持，拔我之苦，觉我之迷，护我以念，接我以时，资我法乳，育我莲池，亲授我记，常为我师。佛其如是，我复何之？万缘东谢，一意西驰。虚空可坏，此志不移。

又五字赞一首

金容获一睹，血泪满双腮，
稽首大慈父，愿随归去来。

赞血画弥陀佛像

惭愧走他乡，竛竮苦遍尝，
追思肠寸寸，回首泪行行。
刀裂不坚指，血涂无量光，
慈恩何以报，珍重一炉香。（一）

大悲熏旷劫，滴血现全身，
本自关天性，何曾隔点尘。
为怜三界苦，与种九莲因，
故国归犹未，瞻依雨泪频。（二）

又七字赞十一首

指端滴血现全身，同体悲深觉更亲，
不转慈眸应待我，长舒金臂欲携人。（一）

净光焕赫空今古，嘉号宣传遍刹尘，
总为天真无间隔，见闻瞻礼尽圆因。（二）

霜刀自刺苦身根，血染弥陀佛一尊，
岂是指端无痛觉？不知何以报慈恩！（三）

沥干指血画弥陀，画得弥陀意若何？
暮礼朝参常供养，临终导我出娑婆。（四）

四八端严像逼真，墨花香染血[①]痕新，
始知生佛原无间，岂但三身只此身。（五）

金刀刺破娘生指，赤血涂成法界身，
父子天真从此合，一回相见一回亲。（六）

笔锋点滴血花香，影现弥陀老法王，
不羡人天求富乐，愿垂接引放慈光。（七）

要向珍池结胜因，慈容点染血精神，
几回稽首殷勤白，赤色莲花最可人。（八）

愧久孤恩恨且哀，真诚画个血如来，
从今母子常相忆，刀斧应教斫不开。（九）

① “血”，有本做“备”，现按《梦东禅师遗集》二卷本校订。

圣凡不隔一微尘，底事分明证始亲，
谁信皮囊腥秽血，顿成妙丽紫金身。（十）

真身指出血淋淋，说法明明在现今，
四土九莲浑不隔，从来无法外唯心。（十一）

赞乘吼[1]观音丈夫相

廿五圆通功独殿，当阳首中文殊选，
神奇将谓有多般，耳朵原来皮两片。（一）

毛虫走出补陀崖，杨柳蘸干南海浪，
一片老婆心不休，堂堂重现大人相。（二）

净瓶打失知何日，杨柳空持到此方，
甘露不曾施一滴，争教火宅顿清凉。（三）

按辔当阳不去来，情知救苦念头灰，
沉沉那管人瞻礼，尽日思量觅善财。（四）

宝莲四色曾谁问，宏愿千重只自忙，
好把身心都放下，晨昏受我一炉香。（五）

---

① “吼”，“朝天吼”的简称，即犼，为观音菩萨的坐骑。

赞观音大士像

宏愿等虚空，含灵共景仰，
垂慈虽有方，赴感何曾往。
大士顾无言，善财欣合掌，
始知巧逗机，不在唇皮上。（一）

尚未空诸有，何能满大哀，
忍归安养去，亲自补陀来。
万古枝杨柳，群灵个善财，
普门原不闭，岂待指弹开。（二）

又七字赞二首

触着毫端便现身，悲深那怕惹红尘，
肝肠何止十分热，面目常随万类新。
净水遥含空界月，杨枝暗露劫前春，
相逢尽解低头拜，亲见慈容有几人?!（一）

圆通面目本分明，不识谁人画得成。
月上千峰看有象，风鸣万籁听无声。
普门未必须弹指，大道何尝禁夜行。
试向补陀岩畔问，圣凡曾有几多争。（二）

悟圆老宿像

满地布黄金，未免俗气。当阳插茎草，犹欠事功。争似这老师，平地起孤堆，伽蓝自建；连囊赠滞货，檀度圆成。佛法僧三尊等供，施受物一体全空。六七十年，妄想悭贪，总成佛事。百千万劫，斋田宝殿，常放光明。且毕竟渠是阿谁？京北大牛房村观音寺里杜多悟公。呵呵。

轮珠未转佛心通，田服闲披色本空，
道范只应天眼对，高踪岂在画图中。

本然安老宿像赞

九重城里，十字街头，金锡高卓，实行密修。三十载光阴，浑如一日；百千般境界，不换双眸。淳朴出自天真，非关造作；瓦砾翻成金碧，岂待营谋。天共白云晓，水同明月流。资粮老去拟勤积，牢把轮珠念不休。咦！现有庵居标榜在，时人何更学虚头？

庵隐皇都几十秋，红尘堆里见清修，
生平得力无多子，一味寻常老实头。
实头念佛最相宜，一句洪名密自持，
万妙千玄都不会，坐看花放宝莲池。
纵横四土声前净，自在三身象外彰，
如是念时非有念，珠轮未转又何妨。
伽黎色带烟霞古，珠数香分菡萏清，
定久不知谁是佛，长空万里月孤明。
触目明宗犹是钝，入门辨主尚嫌迟，
如何觌面堂堂处，念佛依然问是谁。

个庵老人像赞

情性是一味冰冷，面皮得恁么瘢黑。九重城里，四十载混俗和光；十字街头，半个庵骑声盖色。人天尽力，推挽不前。佛祖致竟，奈何不得。武接寒山之步，六百首唾出便休；心折潜子之风，十二章行如不及。杖龙活欲舞，脑盖惯与敲开；鞋虎睡方酣，脚跟何处摸挲。一毫端上戏分身，从此含灵重被惑。咦！不是我侬亲法叔，定教趁入无生国。

鹤林比寿，梵网提纲，
庵居无玷，僧史有光。

法空宝耆宿像

半肩云衲披残，百八轮珠捏扁。法尔无事相关，不是有心担板。便经亿万斯年何妨，任他佛魔都来不管。过现未十世，一坐浑忘；法报化三身，个中圆满。面目如此分明，相逢直须具眼。设有个觌面不识的，更问道念佛的毕竟是谁？你且烧香礼拜了，再向你道未晚。

彻悟大师文集

《梦东禅师遗集》卷下

门人唤醒、了睿辑录

— 偈颂 —

念佛伽陀·教义百偈

一句弥陀，我佛心要，竖彻五时，横该八教。

一句弥陀，意旨如何，知音常少，木耳偏多。

一句弥陀，大意分明，蛇生弓影，药出金瓶。

一句弥陀，名异方便，普摄群机，旁通一线。

一句弥陀，开往生门，是多福德，非少善根。

一句弥陀，临终佛现，四辩亲宣，六方共赞。

一句弥陀，成佛标准，以念佛心，入无生忍。

一句弥陀，证三不退，只此一生，便补佛位。

一句弥陀，满十大愿，岂得普贤，错教了办。

一句弥陀，白牛驾劲，其疾如风，行步平正。

一句弥陀，如来藏心，水外无浪，器原是金。

一句弥陀，妙真如性，春在华枝，像含古镜。

一句弥陀，清净实相，绝议绝思，难名难状。

一句弥陀，圆融法界，觌体全真，交罗无碍。

一句弥陀，大圆智镜，身土影含，重重掩映。

一句弥陀，空如来藏，万法未形，一真绝相。

一句弥陀，圆满菩提，天更无上，云不与齐。

一句弥陀，大般涅槃，一轮明月，万里空寒。

一句弥陀，开般若门，十虚万法，一口平吞。

一句弥陀，华屋门开，从这里入，快随我来。

一句弥陀，入王三昧，似地均擎，如天普盖。

一句弥陀，得大总持，转一切物，使十二时。

一句弥陀，性本自空，星皆拱北，水尽朝东。

一句弥陀，法界缘起，净业正因，菩提种子。

一句弥陀，如镜照镜，宛转互含，重叠交映。

一句弥陀，似空合空，了无痕缝，却有西东。

一句弥陀，一大藏经，纵横文彩，绝待幽灵。

一句弥陀，一大藏律，瞥尔净心，戒波罗蜜。

一句弥陀，一大藏论，当念心开，慧光如喷。

一句弥陀，一藏秘密，发本神通，具大威力。

一句弥陀，浑全大藏，戒定慧光，流出无量。

一句弥陀，绳本是麻，奈何不会，翻疑作蛇。

一句弥陀，罕闻罕睹，影现镜林，响宣天鼓。

一句弥陀，无可譬喻，古镜当台，水银堕地。

一句弥陀，老婆心苦，运万斛舟，发千钧弩。

一句弥陀，明明是有，四辩八音，婆心苦口。

一句弥陀，的的是无，镕他万像，入我洪炉。

一句弥陀，亦无亦有，梦里山川，镜中华柳。

一句弥陀，非有非无，捺着便转，水上葫芦。

一句弥陀，第一义谛，尚超百非，岂落四句。

一句弥陀，妙圆三谛，最清凉池，大猛火聚。

一句弥陀，得大自在，转变圣凡，融通世界。

一句弥陀，有功者赏，王膳盈前，髻珠在掌。

一句弥陀，里仁为美，居卜来归，枯桩非鬼。

一句弥陀，非难非易，九品莲华，一生心力。

一句弥陀，就路还家，可惜痴人，弃金担麻。

一句弥陀，横出娑婆，你信不及，吾末如何。

一句弥陀，归元捷径，紧要资粮，唯信愿行。

一句弥陀，要在信深，莲芽九品，抽自此心。

一句弥陀，要在愿切，寸心欲焚，双目流血。

一句弥陀，要在行专，单提一念，斩断万缘。

一句弥陀，誓成片段，拌此一生，作个闲汉。

一句弥陀，只恁么念，百八轮珠，线断重换。

一句弥陀，不急不缓，心口一如[①]，历历而转。

一句弥陀，愈多愈好，如人学射，久习则巧。

一句弥陀，摄心密持，如人饮水，冷暖自知。

① “一如”，有本作“如一”。

一句弥陀，譬犹掘井，就下近泥，价廉工省。
一句弥陀，类如钻火，木暖烟生，暂停不可。
一句弥陀，全身顶戴，人命无常，光阴不再。
一句弥陀，如救头然，尽十分力，期上品莲。
一句弥陀，妙圆止观，寂寂惺惺，无杂无间。
一句弥陀，险路砥平，直抵宝所，不住化城。
一句弥陀，如水清珠，纷纭杂念，不断自无。
一句弥陀，顿入此门，金翅擘海，直取龙吞。
一句弥陀，尘缘自断，狮子游行，惊散野干。
一句弥陀，蓦直念过，一踏到底，香象渡河。
一句弥陀，无相心佛，国土庄严，更非他物。
一句弥陀，无为大法，日用单提，剑离宝匣。
一句弥陀，无漏真僧，雪山药树，险道明灯。
一句弥陀，满檀那度，裂破悭囊，掀翻宝聚。
一句弥陀，满尸罗度，都摄六根，圆净三聚。
一句弥陀，满羼提度，二我相空，无生忍悟。
一句弥陀，满毗梨度，不染纤尘，直踏玄路。
一句弥陀，满禅那度，现诸威仪，藏甚枯树。
一句弥陀，满般若度，境寂心空，云开月露。
一句弥陀，想寂思专，未离忍土，已坐宝莲。
一句弥陀，一朵宝莲，唯心之妙，法尔如然。
一句弥陀，一朵宝莲，凡情不信，亦宜其然。

一句弥陀，一朵宝莲，决定不信，真个可怜。

一句弥陀，一朵宝莲，直饶不信，已染识田。

一句弥陀，宏通敢惰，入大悲室，坐法空座。

一句弥陀，无尽宝藏，八字打开，普同供养。

一句弥陀，断诸烦恼，全佛全心，一了百了。

一句弥陀，灭除定业，赫日轻霜，洪炉片雪。

一句弥陀，能空苦报，世界根身，即粗而妙。

一句弥陀，圆转三障，即惑业苦，成秘密藏。

一句弥陀，解难解冤，慈光共仰，法喜均沾。

一句弥陀，报未报恩，裂缠绵网，入解脱门。

一句弥陀，空诸恶趣，万德洪名，那容思议。

一句弥陀，机逗人天，参差三辈，掩映九莲。

一句弥陀，化兼小圣，回狭劣心，向无上乘。

一句弥陀，超然无碍，文殊普贤，大人境界。

一句弥陀，微妙难思，唯佛与佛，乃能知之。

一句弥陀，列祖奉行，马鸣造论，龙树往生。

一句弥陀，因缘时节，异香常闻，莲社创结。

一句弥陀，利大象龙，永明禅伯，智者教宗。

一句弥陀，感应非轻，少康化佛，善导光明。

一句弥陀，有教无类，雄俊入冥，惟恭灭罪。

一句弥陀，是无上禅，一生事办，旷劫功圆。

一句弥陀，理非易会，百偈俄成，三尊加被。

念佛伽陀·宗乘百偈

一句弥陀，五宗公案，八裂七华，不劳判断。

一句弥陀，指向上路，不可言传，直须神悟。

一句弥陀，切忌莽卤，瓜彻蒂甜，瓠连根苦。

一句弥陀，何敢相嘲，合取狗口，打折驴腰。

一句弥陀，现成公案，但办肯心，必不相赚。

一句弥陀，正好活埋，拗折竹杖，烧却草鞋。

一句弥陀，死了未烧，佛曾有约，天不须招。

一句弥陀，莫问宗教，未掷藤条，先焚疏钞。

一句弥陀，计甚易难，三条竹篾，七个蒲团。

一句弥陀，拳拳牢执，捏铁称锤，出黄金汁。

一句弥陀，亲切受持，一牛饮水，五马不嘶。

一句弥陀，念来便好，不用分疏，颟蒙合道。

一句弥陀，悟机尤妙，念极情忘，寒灰豆爆。

一句弥陀，谁知如此，百丈鼻头，云门足指。

一句弥陀，正好转身，山尽无路，溪回有村。

一句弥陀，踏上头关，水不是水，山依旧山。

一句弥陀，万重关透，佛手驴脚，面皮多厚。

一句弥陀，格外宗通，泥牛吼月，木马嘶风。

一句弥陀，三玄三要，除却杨修，阿谁知妙。

一句弥陀，天然五位，只为分明，却难领会。

一句弥陀，全宾全主，狮子咬人，鹅王择乳。

一句弥陀，四重料拣，收放卷舒，顶门有眼。

一句弥陀，四种藏锋，岩头去后，谁善斯宗。

一句弥陀，藏身无迹，此意谁知，华亭空忆。

一句弥陀，本分禅宗，横担楖栗，直入千峰。

一句弥陀，密转不已，自己山河，山河自己。

一句弥陀，大有来由，暗中书字，窗里出牛。

一句弥陀，谁善举扬，龟毛拂短，兔角杖长。

一句弥陀，六八宏愿，冷便穿衣，饥来吃饭。

一句弥陀，是何宗旨，雪峰辊球，天龙竖指。

一句弥陀，得要明宗，揽草成药，破壁飞龙。

一句弥陀，全机勘破，胜金刚王，超木上座。

一句弥陀，旧案全翻，喝退临济，棒走德山。

一句弥陀，法身向上，如何若何，徒劳赞谤。

一句弥陀，一点灵明，无星称上，两头恰平。

一句弥陀，一个主翁，若然两物，用着融通?

一句弥陀，坐镇寰宇，烧返魂香，击涂毒鼓。

一句弥陀，切莫颟顸，月圆当户，日出连山。

一句弥陀，重新指点，拽下禅床，未是正眼。

一句弥陀，成群合伙，觑井觑驴，是渠是我。

一句弥陀，居不待卜，盗入贼家，僧投寺宿。

一句弥陀，父子投机，慈颜咫尺，愧久背违。

一句弥陀，君臣道合，圣德天渊，惭难报答。

一句弥陀，且浅商量，薰风南来，殿阁微凉。

一句弥陀，仔细商量，心外无法，东土西方。

一句弥陀，的当商量，店中焚被，库下卖姜。

一句弥陀，含灵普育，日丽山川，春荣草木。

一句弥陀，九品莲华，种豆得豆，种瓜得瓜。

一句弥陀，九品莲华，布帛非俭，锦绣非奢。

一句弥陀，九品莲华，故乡作客，别国为家。

一句弥陀，九品莲华，葫芦架上，却结冬瓜。

一句弥陀，曾闻多嘴，雁过长空，影沈寒水。

一句弥陀，今重告语，生实不生，去决定去。

一句弥陀，念者为谁？会[①]得了也，犹欠针锥。

一句弥陀，拨尘见佛，佛亦是尘，尘是何物？

一句弥陀，于意云何，两段不同，收归上科。

一句弥陀，愿乐欲闻，草木真香，山水清音。

一句弥陀，惟德是馨，山不在高，水不在深。

一句弥陀，别启玄关，一般云月，各自溪山。

① “会”，原本作“曾”，《彻悟禅师遗稿》中作“会”，现按之校订。

一句弥陀，是杀人刀，当场拈起，鬼哭神嗥。

一句弥陀，是活人剑，略露锋芒，龙腾豹变。

一句弥陀，轰雷掣电，法眼卷帘，三平断案。

一句弥陀，临机自由，芭蕉拄杖，黄龙拳头。

一句弥陀，不用哓哓，但归山去，自有柴烧。

一句弥陀，颇深意致，买石云饶，移花蝶至。

一句弥陀，说山中话，六月松风，人间无价。

一句弥陀，安乐故土，胡不归来，闹市有虎。

一句弥陀，转身就父，无计承欢，何敢背忤。

一句弥陀，法本常住，绿树啼莺，动便飞去。

一句弥陀，不劳融贯，心佛众生，本来一串。

一句弥陀，佛眼难穷，通身绵密，八面玲珑。

一句弥陀，∴字三点，唤破沙盆，作正法眼。

一句弥陀，千车同轨，王库宝刀，祖庭真髓。

一句弥陀，坐大宝莲，弥勒非后，释迦不前。

一句弥陀，全心相委，似金博金，如水投水。

一句弥陀，百千卷经，水中盐味，色里胶青。

一句弥陀，常寂灭相，时至华开，莺啼柳上。

一句弥陀，是究竟道，下士闻之，呵呵大笑。

一句弥陀，殊非草草，救取丹霞，唤回赵老。

一句弥陀，万古空平，当人面目，大地众生。

一句弥陀，明珠走盘，看则有分，道即应难。

一句弥陀，丰俭随家，香岩锥子，真净袈裟。

一句弥陀，建大法幢，寰中道契，化外魔降。

一句弥陀，震大法雷，卧龙奋迅，蛰户洞开。

一句弥陀，吹大法螺，木童抚掌，石女高歌。

一句弥陀，击大法鼓，日月停轮，山河起舞。

一句弥陀，无边众生，同时度竟，岂待更称。

一句弥陀，无尽烦恼，辊成一团，全身靠倒。

一句弥陀，无量法门，慈氏楼阁，武陵桃源。

一句弥陀，无上佛道，不许夜行，投明须到。

一句弥陀，且不是佛，名本非名，物原无物。

一句弥陀，何止唯心，山自高高，水自深深。

一句弥陀，心佛双彰，两轮互照，一统无疆。

一句弥陀，心佛两亡，水归沧海，云去帝乡。

一句弥陀，离见超情，水清月现，印坏文成。

一句弥陀，恰有明证，赵州狗子，却无佛性。

一句弥陀，宗提格外，劫火洞然，这个也坏。

一句弥陀，道出大方，寂光有相，佛性无常。

一句弥陀，人人知有，从东过西，进前叉手。

一句弥陀，大家委悉，向下文长，付于来日。

一、信生必有死。（普天之下，从古至今，曾无一人逃得。）

二、信人命无常。（出息虽存，入息难保。一息不来，即为后世。）

三、信轮回路险。（一念之差，便堕恶趣。得人身如爪上土，失人身者如大地土。）

四、信苦趣时长。（三途一报五千劫，再出头来是几时。）

五、信佛语不虚。（此日月轮，可令堕落，妙高山王，可使倾动，诸佛所言，无有异也。）

六、信实有净土。（如今娑婆无异，的的是有。）

七、信愿生即生。（已今当愿，已今当生，经有明文，岂欺我哉！）

八、信生即不退。（境胜缘强，退心不起。）

九、信一生成佛。（寿命无量，何事不办。）

十、信法本唯心。（唯心有具造二义，如上诸法，皆我心具，皆我心造。）

信佛语故，则造后四。不信佛语，但造前四。故深信佛言，即深信自心也。修净业者，能具此十种信心，其乐土之生，如操左券而取故物，夫何难之有？！

甲子七月，讷堂道人书

念佛偈

（四言十二首、五言二首、七言五十一首）

自性弥陀，弥陀自性，执性废修，因药成病。（一）

弥陀自性，自性弥陀，皇风一片，帝网交罗。（二）

佛非性外，性即佛中，如水投水，似空合空。（三）

佛在性中，性岂佛外，本自圆融，云何隔碍？（四）

极乐唯心，心唯极乐，离土论心，翻然大错。（五）

唯心极乐，极乐唯心，山自高高，水自深深。（六）

未明唯土，岂达唯心，碔砆非玉，鍮石非金。（七）

欲会唯心，须明唯土，夜半正明，天晓不露。（八）

穷禅宗髓，提教网纲，阿弥果佛，安乐西方。（九）

九品宝莲，在脚跟底，不念弥陀，孤负自己。（十）

信手瓣香，至心一拜，本分修持，大人境界。（十一）

见闻随喜，信愿持名，功圆旷劫，佛补一生。（十二）

欲明安乐国，端的是西方，
唯土宗非谬，即心理更长。（一）

寂光原有相，佛性却无常，
未委深深旨，何妨问愿王。（二）

一声佛号一声心，须信心深佛更深，
梦眼未开情逐逐，慈光常照夜沉沉。（一）

一声佛号一声心，落落圆音闻现今，
何事世间痴汉子，犹将黄叶谤黄金。（二）

一声佛号一声心，山自高兮水自深，
不落宫商闲曲调，钟期[①]未必是知音。（三）

一声佛号一声心，法藏门开深复深，
万论千经都话尽，分明题目只而今。（四）

一声佛号一声心，格外投机句甚深，
无限含灵毛卓竖，大家齐着顶门针。（五）

一声佛号一声心，叶茂由来根自深，
不借东风些子力，优昙香绽古丛林。（六）

---

① “钟期”，嘉庆二十二年《梦东禅师遗集》二卷本中作“钟郎”。

一声佛号一声心，觉海灵源勿浅深，
四十二重因果相，都庐不堕去来今。（七）

一声佛号一声心，直下分明岂外寻，
鞭影未劳频举示，白牛运出古黄金。（八）

一声佛号一声心，向上全提入髓深，
临济德山如未肯，任教棒喝恼丛林。（九）

一声佛号一声心，心佛双忘趣转深，
定久不知谁唤醒，满天霜月照幽林。（十）

娑婆界舍唯心秽，净土莲开自性香，
不向此宗亲见彻，西方端的是何方？（十一）

明明大道古今通，天地毫厘辨异同，
谁识西方无量寿，原来却是主人翁。（十二）

说着莲邦雨泪垂，阎浮苦趣实堪悲，
世间出世思惟遍，不念弥陀更念谁！（十三）

痴迷一念入娑婆，长劫沉沦可奈何，
秽土欲翻成净界，全机拨转念弥陀。（十四）

自怜身作太平僧，了死脱生却未曾，
但愿名标莲蕊里，不须高列上《传灯》。（十五）

话到无常只自悲，百年弹指欲何为，
惟求慈父垂哀悯，小小莲花与一枝。（十六）

圆发三心心愈切，单提一念念弥坚，
尽生不起余思想，要种西方上品莲。（十七）

学道经今四十年，还乡出要尚茫然，
轮珠百八闲拈起，心佛众生一串穿。（十八）

弥陀自性两相当，双照双遮总不妨，
念到圆融无碍处，时闻一阵藕花香。（十九）

猛切持名如救头，娑婆那更可迟留，
即今撒手便归去，已较前贤输一筹。（二十）

一句洪名一宝莲，声声流出自心田，
但教念念能相续，不怕弥陀不现前。（二十一）

已知安养是吾家，归去休教路更差，
不念尘缘唯念佛，珍池高占宝莲花。（二十二）

我念弥陀有课程，晨昏十万句分明，
但教尽报常如此，净业谁论成不成①。（二十三）

---

① “谁论成不成”，《彻悟禅师遗稿》中作“何愁更不成”。

个事分明见最真，从来无法及心亲，
一声唤着一声应，端的弥陀非别人。（二十四）

故乡一别久经秋，切切归心不暂留，
我念弥陀佛念我，天真父子两相投。（二十五）

一阿弥了又阿弥，除却阿弥总不知，
掏到念珠绳索断，饭香菜热已多时。（二十六）

一声佛号时中忆，九品莲香静里闻，
乐国已知原不远，休教更隔念纷纭。（二十七）

僧拙但知专净业，客来幸勿带红尘，
世间多少奇男子，不识西方路最真。（二十八）

寻常粥饭个闲僧，律教禅宗百不能，
佛号六时常密转，一心不乱竟何曾。（二十九）

净土唯心我独知，痴人空自泣多歧，
故乡归去便归去，金色花开正是时。（三十）

唯心净土几人知，六字洪名须密持，
拶到水穷山尽处，乐邦不隔一丝丝。（三十一）

波清月现看偏好，地暖花开喻更亲，
佛号一声莲九品，高低分位属何人。（三十二）

佛土虽遥千百亿，脚跟有路是通津，
奈何多少思归客，都把弥陀作别人。（三十三）

十念得生佛有愿，一心不乱我无疑，
宝莲已信标名字，未委花池第几枝。（三十四）

曾与弥陀有宿缘，寻常历历现吾前，
这回不斩尘情断，深负珍池大宝莲。（三十五）

专志持名兴不孤，千回百转过轮珠，
弥陀我但时时念，那管弥陀念我无。（三十六）

弥陀日念百千转，不乱一心竟未成，
禅客那堪频启请，重开贝叶可怜生。（三十七）

唯心具造理分明，九品莲胎念念成，
试展金经听讲演，更无一句不相应。（三十八）

林峦眨眼变青黄，总是无常信息忙，
秽土但超轮转苦，莲池下品又何妨。（三十九）

明明四土非他土，的的三身只此身，
身土都来穿一串，一回举着一回亲。（四十）

一句弥陀念便呆，恰如死了未曾埋，
娑婆已竟多生债，净土而今归去来。（四十一）

一句弥陀念便亲，千生万劫种来因，
娑婆不结娘生业，要作莲池自在人。（四十二）

划断尘缘百不思，通身着力念阿弥，
娑婆深厌轮回苦，早向花池占一枝。（四十三）

十万弥陀念已周，案前古鼎尚香浮，
和衣不觉沉沉睡，极乐悠然一梦游。（四十四）

六字洪名密忆持，工夫冷暖自家知，
娑婆不作轮回梦，稳看花开七宝池。（四十五）

空澄海湛寂光土，日照天临法界身，
父子相逢重会合，一团和气满门春。（四十六）

要作莲池自在人，娑婆肯更惹红尘，
心神早送归安养，此地空余镜里身。（四十七）

一朵花含一圣胎，名书某甲亦奇哉，
从来因果唯心现，底事分明不用猜。（四十八）

洪名六字水清珠，方寸澄澄百虑无，
个里风光难举似，长天万里月轮孤。（四十九）

弥陀已悟主人翁，极乐同居路正通，
诸上善人俱会处，何妨某亦在其中。（五十）

已今当愿已今生，金口亲宣语最明，
何事娑婆犹恋恋，自甘极苦尚多情。（五十一）

示众偈（六首）

泥牛海底吃金鞭，转步踏翻碧浪天，
谁识皮毛参异类，自甘耕牧了残缘。
三车门外原无法，五字胁边不是禅，
在处青山饶水草，眠云卧月自年年。（一）

会取吾家向上宗，移星换斗自从容，
老祖曾未来东土，童子何须过别峰。
流出灵源波湛湛，照归古镜影重重，
相逢不吝闲拈示，百尺楼头一击钟。（二）

坐断劫前一点空，却来赤手展家风，
何妨傍户揖宾客，未许当堂见主翁。
与夺灵机格外转①，纵横活路脚跟通。
千门洞启恣游戏，赫赫金乌出海东②。（三）

寥寥大化绝疏亲，一片花含万古春，
少室九年情已露，曹溪一宿话维新。

① “格外转”，《彻悟禅师遗稿》中作“言外荐”。
② “出海东”，《彻悟禅师遗稿》中作“半夜红”。

谩劳慈氏频弹指，应惜游人遍问津，
椎拂未拈知落处，到头犹是眼中尘。（四）

生死牢关未透时，脚跟一句好提持，
不教觅水逢泥止，那得亡羊逐路歧。
蓦地寒灰爆黑豆，灼然大宝获春池，
到头始信原无事，弓影非蛇只自疑。（五）

参禅本为了生死，紧要先须识自己，
项上头非镜里头，娘生嘴是虚空嘴。
眼中不著一星沙，耳底常容大海水，
拟剔眉毛早隔山，那堪更问张三李。（六）

讲《圆觉经》毕示众偈（七首）

炎炎长夏苦跏趺，贝叶频开兴不孤，
十二章经都话遍，不知真个觉圆无？（一）

皮袋年来病不休，浑无气力按牛头。
相逢偶与闲拈示，犹忆歌声下酒楼。（二）

一重雪上一重霜，今岁还同去岁凉，
担板禅和犹不会，更烦人为点茶汤。（三）

相逢不用作么生，此事头头总现成，
鹤膝自长凫胫短，更嫌何处不分明。（四）

智慧为船精进篙，一撑直渡恶波涛，
境风顺逆犹堪惧，端在梢公舵把牢。（五）

阵云初敛剑光凝，十里长河夜锁冰，
脱履围炉相对坐，大家俱是太平僧。（六）

为惜流光荏苒过，殷勤开演贝多罗，
非云击节明经义，聊与诸人遣睡魔。（七）

覆讲大义（八首）

每覆讲，预日侍者下某某签。此次磬鸣众集，始知侍者误送签。师遂拈以为题云：

臭口不开趣正长，名言才堕便亡羊，
为怜摘叶寻枝去，大义当头特举扬。（一）

事出平常理最玄，磬声一击耳门穿，
言前有句如何说，大义浑该三百篇。（二）

莫更谈玄论有无，盈前海众嘴卢都，
个中大好真消息，不但人空法亦如。（三）

机先一句是如何，清磬声中漏泄多，
说默双离谁不二，等闲疑杀老维摩。（四）

瓶泻河流成底事，雨花动地也徒然。
大家高挂娘生口，听取虚空讲却圆。（五）

磬声三扣报知音，谁道堂前草丈深，
法座未登讲已竟，到头一着胜双林。（六）

现成证据岂矜夸，毕竟空生非作家，
座上果无能说者，看渠何处散天花。（七）

懒随清磬证圆通，一任灯王宝座空，
如是来还如是去，堂堂格外展家风。（八）

解制示众偈

结冬又解冬，铸印还销印，
暗地撒明珠，当头截露刃。
禹门惊迅雷，栈道试神骏，
毒鼓已频挝，劫烧无剩烬。
当人莫自欺，个事宜亲信，
此去到诸方，不须重问讯。

我空偈（四首）

三心澄湛波间月，四大纷纭空里花，
拟向个中寻主宰，程途万里未云赊。（一）

百骸食尽身犹在，二客相持鬼本无，
莫笑含生无倒断，将刀谁肯自轻屠。（二）

解云体尽冰还在，会取缘生火自空，
拶到水穷山尽处，不知谁是主人翁。（三）

水绿山青明历历，鸦鸣鹊噪韵嚣嚣，
可怜误识东君面，王库何曾有此刀。（四）

资福寺讲前示众偈（十六首）

两寺皇都偶梦游，霜华已染鬓丝秋，
一声退鼓归来晚，云自高飞水自流。（一）

白木柴床支讲台，红螺古寺法新开，
漫嫌顽石头难点，且得虚空笑满腮。（二）

六十韶光瞬息过，业缘犹系苦娑婆，
还乡一曲难成调，且自逢场唱哩罗。（三）

从来国土本唯心，个话颟顸古到今，
不是老僧亲道破，森罗万象尽沉吟。（四）

相逢尽说土唯心，岂识唯心理甚深，
擎尘每征唯土义，一沉吟了一沉吟。（五）

盘走珠兮珠走盘，唯心唯土两无端，
不知死语从来活，算尽河沙只自瞒。（六）

老病头陀缺主裁，杖梨扶上讲经台，
驴唇马嘴浑闲事，惹得虚空笑满腮。（七）

有无生否去耶非，咫尺莲邦归未归，
一自毫端轻漏泄，金乌夜半泼天飞。（八）

大小慈尊赚善财，一声弹指阁门开，
直饶入后楼还闭，不合当初自外来。（九）

家居百事总相当，渴饮饥餐乐有常，
岂料跨门才一步，翻然故国尽他乡。（十）

拈来穷子衣中宝，恰是轮王髻上珠，
大施门开饶利济，从来一物却原无。（十一）

杯衔弓影病难消，几度逢君舌苦饶，
肝胆这回都吐尽，奈何依旧首横摇。（十二）

宝珠出箧将悬处，明镜当台未照时，
万别千差无欠少，个中消息几人知。（十三）

一句弥陀法界宗，千门万户尽罗笼，
只须净念能相继，四土三身影现重。（十四）

西方净土本唯心，直透唯心义甚深，
亲见弥陀曾问讯，珍楼罗列树阴森。（十五）

为爱追随重法情，山房九夏话无生，
重玄极妙如何说，万里长天孤月明。（十六）

开炉示众偈（二首）

火种亲从鹫岭传，性空无我寄诸缘，
一星拨转寒灰里，大地山河俱洞然。（一）

青烟突起死柴头，舜若多神赤汗流，
惊得泥牛吞却月，森罗万象笑抬眸。（二）

题诚斋居士照

乙巳秋日，诚斋居士自携其照索题，且曰："余习性多瞋，无以自解，愿为说法，并施以对治之门。"因说偈曰：

一身如影像，万事等空花，
于此试谛观，瞋习何所有？
心本自无瞋，境空瞋何有，
心境两无瞋，合亦不应有，
譬如两空手，合之亦无物。
有因尚不生，无因瞋何有？
瞋生何处来，瞋灭何处去？
正当于瞋时，瞋为在何处？
四句本无生，三际不可得。
居士何自知，习性多瞋怒？
此知所知瞋，为复是即知？
为复是非知？知此瞋之知，
此知为即瞋？此知为非瞋？
瞋若即是知，有知即应瞋，

知若即是瞋，知应不知瞋。
此瞋若非知，非知便无瞋。
此知若非瞋，知瞋即两心。
瞋者为阿谁？阿谁知此瞋？
展转竟不知，不知更是谁。
如是谛观察，久之当自晓，
只眼洞然开，无著惭惶处。
昔本为迷[①]迷，今复因瞋了，
瞋尚本非瞋，了复何所了。
昨日与今朝，自倒还自起，
从此彻根源，何瞋复何喜。

① “迷”，《彻悟禅师遗稿》中作“瞋”。

个庵老人斗室偈

一斗之室，置法空座，太虚不宽，毫端不窄。
有松两株，有竹几个，明月夜来，清风晓过。
老更何为，佛也不做，衲以遮身，粥以疗饿，
岁月任迁，蒲团任破，常在其中，经行坐卧。

观空应真

无道可悟，无心可安，撩天鼻孔，不受人瞒。
一领布衲，一个蒲团，尽未来际，作如是观。

颂《楞严经》（十首）

经 题

劈破虚空露一机，未开口处示全题，
可怜眼底无珠者，误认经前廿字题。（一）

顶门突出破沙盆，的的无门是法门，
怪杀瞿昙机不密，晴空迸作一条痕。（二）

证信序

法王法要岂轻宣，满座知音道有传，
话到点头侧耳处，祇园一会尚俨然。（三）

发起序

道力何堪不自量，等慈妄拟堕淫房，
定门纵使重重启，也是闲刓好肉疮。（四）

四大章

四大毒蛇性本空，等闲拶着便成龙，

飞腾可惜无人识，几度频埋下土中。（五）

虚空藏章

法身亲证等虚空，也是无端枉用工，
试把镜珠都放下，谛观何法不圆融。（六）

弥勒章

习气难忘是利名，世间出世几多争，
看他补佛情犹在，大似唯心定未成。（七）

大势至章

个中无路与人行，携手归来已隔程，
若待摄心勤念佛，他年缓缓证无生。（八）

道场加行颂

秘密门开妙总持，须知神用力难思，
但教心口一如转，便是习忘业净时。（九）
圣凡物我体元同，感应休疑道有穷，
天自高寒波自湛，谁推明月落潭中。（十）

开讲《楞严》颂

花香鸟语圆通性，水绿山青常住心，
一部《楞严》浑漏泄，不须低首更沉吟。

颂《金刚般若经》

刚道即非又是名，等闲一举便超情。
有求有得全封见，无说无闻总隔程。
如是降伏如是住，若为色相若为声。
分明一段劫前境，八百余家画不成。

颂《般若心经》（十二首）

经 题

滚滚洪波无尽头，孤帆高挂下中流，
夜深明月来相照，两岸芦花一色秋。（一）

生佛同乘没底船，沤花影里去仍还，
一篙撑塌东西岸，明月团团下九天。（二）

观自在菩萨节

从来五蕴性元空，岂借区区一照功，
要看劳生开梦眼，金乌夜半泼天红。（三）

风休云静地天空，画笔诗情写未工，
花落乱随流水去，梦回闲卧月明中。（四）

色不异空节

真空幻色两无殊，道得分明在半途，
觌面未开宗正眼，徒劳水上按葫芦。（五）

活泼明珠走玉盘，色空空色辨还难，
拈来几度从容看，两不成双一不单。（六）

诸法空相节

万里晴空湛玉壶，重重法界一尘无，
僧繇也皱双眉断，此景如何上画图。（七）

圣凡无地著名模，拟涉毫端便染污，
直下分明担荷得，迢迢十万隔程途。（八）

以无所得节

冒死身经百战场，归来真个便封王，
虽云高爵尊寰宇，逸格风流输子房。（九）

月满江澄湛不流，游人到此尽停舟，
渔翁老大曾经惯，移棹攒眉过别洲。（十）

故说般若节

说了殷勤复自夸，可怜心事已如麻，
当时若解牙三打，也胜重铺锦上花。（十一）

劳劳重复论前功，一片婆心未有穷，
不得末梢头句好，稳教千古错流通。（十二）

颂禅人血书《莲经》求生净土

血染《莲经》七轴长，一横一点尽含香，
他年海会谈因地，十指光流照此方。

颂番僧转世

客舍并州已十霜，归心昼夜忆咸阳，
无端更渡桑干水，却望并州是故乡。

颂说得一丈不如行得一尺

古佛口门高挂锁，铁牛脚下痛加锥，
任他千圣频呼唤，楖栗横眉更顾谁。

颂圣人不是无心只是无心心耳

无心恰是圣人心，圣不无心趣转深，
会取无心端的旨，无心心却无无心。

颂察秋毫之末不自见其睫

洞烛秋毫不见睫，由来专向境边涉，
而今蓦地回光照，始觉从前被眼遮。

心花颂

心华无种如何种，红紫芬芳另有春。
白雪立深香乍冷，苍颜皱破色初新。
翩翻叶布迦文国，蓓蕾台承净满身。
未瞎娘生双鬼眼，空教觌面隔前尘。

颂雪弥勒

天宫不住下尘埃，已是无端惹祸胎。
只个幻身不自了，那般笑口为谁开。
日光定里如何见，楼阁门前甚处回。
似此行藏浑没据，争教补阙待当来。

— 歌 诗 —

拟《证道歌》

永嘉大师《证道歌》，直截痛快，言约义丰，洵为古今绝唱。辛丑夏六月禅坐之隙，为禅者演说一过，颇有会心处。因蹑其每段两短句，续而歌之。非敢与大师较美，聊自娱耳。

君不见，是甚么，眨上眉毛早错过，
欲会吾宗端的旨，耳门塞断听重歌。
证实相，无人法，万里还家只一霎，
通身是口道应难，未动舌根恰恰恰。
顿觉了，如来禅，鼻孔依前唇上边，
旷大劫来只这是，何分东土与西天。
无罪福，无损益，空里何须寻鸟迹，
一性圆明万境闲，三千刹海澄虚碧。
谁无念，谁无生，滚滚黄河彻底清，
夜半日轮当午照，更嫌何处不分明。
放四大，莫把捉，天真不在工雕琢，

寒暄动静总无干，十二时中自卓荦。
决定说，表真乘，一言道断古今凭，
龙宫天界咸珍重，长夜明明照世灯。
摩尼珠，人不识，六宫八国空狼籍，
波斯不解自囊藏，几度逢人频戏掷。
净五眼，得五力，血战功高碑可勒，
塞北安南一阵收，雕弓永挂狼烟息。
常独行，常独步，脚跟不踏今时路，
寰中物外任逍遥，千圣齐应听指呼。
穷释子，口称贫，彻骨穷来有几人，
信手打开无尽藏，砖头瓦砾尽奇珍。
无价珍，用无尽，十方九界随时赈，
等教立地证菩提，无奈当人不自信。
从他谤，任他非，我尚非我他是谁，
不舍大慈洪誓愿，金毛狮子现全威。
观恶言，是功德，贼马骑将好赶贼，
捉得贼来马也闲，一齐趁入无生国。
宗亦通，说亦通，大用纵横不堕功，
教海掀翻言默绝，禅关坐断悟迷空。
狮子吼，无畏说，威音那畔一声彻，
须弥走入藕丝中，无位真人惊吐舌。
行亦禅，坐亦禅，全身突出未生前，

十虚圆裹无今古，说甚香林四十年。
几回生，几回死，自倒依前还自起，
蓦地回光返照时，几乎笑破娘生嘴。
入深山，住兰若，竹篾三条镢一把，
佛法从教烂却休，人前指甚鹿为马。
觉即了，不施功，万别千差一照中，
刹刹尘尘全体现，更教何处不圆通。
但得本，莫愁末，脚跟路活乾坤阔，
神通三昧几何般，一着当阳贵独脱。
江月照，松风吹，跏趺石上夜忘归，
泥牛入海无消息，个里风光举似谁。
降龙钵，解虎锡，递代持来作准的，
为问泥犁几度开，须弥山子如何吃。
不求真，不断妄，道人行处难名状，
和衣睡倒月明前，一觉醒来天大亮。
心镜明，鉴无碍，胡来汉现空多态，
若教撞着老东平，决定与君重扑碎。
豁达空，拨因果，空王殿上披枷锁，
回光一念脱樊笼，迷悟分明机在我。
舍妄心，取真[①]理，忙忙驰逐何穷已，

① “真”，《彻悟禅师遗稿》中作“正”。

直饶坐断两头机，也是全身堕死水。
损法财，灭功德，贼是亲家防不得，
冷地一回看破渠，惭惶无限偷心息。
大丈夫，秉慧剑，寒光闪灼凌天岸，
当头一掷不留情，魔佛都教成两段。
震法雷，击法鼓，惊起大虫咬杀虎，
万象森罗无处寻，木人回首双睛努。
不可毁，不可赞，为君格外通方便，
和声送出太分明，切忌看他手里扇。
取不得，舍不得，八字打开无隐匿，
犹更低头犯忖量，当来缓缓问弥勒。
默时说，说时默，晏坐岩前天帝悦，
四十九年一字无，千古万古分明极。
建法幢，立宗旨，大似虚空安两耳，
一自拈花赚饮光，儿孙浪说分皮髓。
法东流，入此土，五宗二派昭千古，
争知教外别无传，一十原来是二五。
真不立，妄本空，孤峰绝顶路难通，
从来不坐空王殿，那复分身万象中。
心是根，法是尘，根尘无性性元真，
若教认着元真处，又是重添古镜尘。
嗟末法，恶时世，吾道陵夷堪泣涕，

安得惊群大丈夫，祖灯展转凭相继。
作在心，殃在身，焦唇拔舌岂无因，
泥犁多少酸辛辈，半是阎浮谤法人。
旃檀林，无杂树，枝叶扶疏香四布，
鼻孔休教少半边，风来犹待两三度。
狮子儿，众随后，爪牙未露不如狗，
有时跳入野狐群，一喝乾坤颠倒走。
圆顿教，勿人情，堂堂古路少人行，
善财去后楼常闭，龙女来时珠正明。
非不非，是不是，个里淆讹谁共委，
生铁馒头当面抛，等闲塞断虚空嘴。
种性邪，错知解，乌焉成马何足怪，
三翻四覆为宣扬，漆桶依然还不快。
亦愚痴，亦小騃，是非好恶曾何解，
三途六趣互相吞，自卖到头还自买。
狮子吼，无畏说，虚空口启山河舌，
石人拍手笑呵呵，此曲阿谁曾听彻。
不思议，解脱力，个般受用何穷极，
重重法界一毫端，隐显纵横无不得。
法中王，最高胜，脚跟不动常相应，
腾腾日用自忘机，信手拈来无少剩。
了了见，无一物，绿水洋洋山郁郁，

借问路人浑不知，殷勤为举龟毛拂。
日可冷，月可热，古今此道曾无别，
丈夫眼里谁无珠，肯谤山僧谓有说。

示学者

个里分明一事无，那堪特地起规模，
无端翳眼空华现，致使重黏鬼尸符。
脚跟既已涉程途，直捷纡曲迥自殊，
万事无如生死切，单刀直入是良图。
直入何曾间语默，精诚一念超勤惰，
话头举处万机忘，匝地普天成一个。
无事甲边休住脚，将心待悟浑成错，
思量拟议转无端，一镞三关须透过。
透过还宜踏向上，身心一拶空无相，
蓦然豆子爆寒灰，这朵心华灿烂放。
撤却层层眼底障，打开灼灼光明藏，
到斯不必自矜夸，且吃山僧手中棒。
棒头触瞎顶门眼，别有风光来岁晚，
入海泥牛眠不醒，鼻端一线轻牵转。
生死长途真个险，相逢不禁因相勉，
不于言外解知归，谓我说禅谤不浅。

挽羯磨阿阇黎岫云静观老和尚

化缘毕矣愿轮移，酸泪滴连不自持。
已识浮生身是幻，难忘面命语多慈。
东寮指点经亲授，（予曾执侍东寮，从师过《报恩经》，故云。）
南塔殷勤谶预垂。（圆具后，随师南塔院，拔草次，师指某顾谓诸戒兄弟曰：此子他日出世，当先于汝曹。今果然。）
圆净戒珠光照夜，阴森觉树老丫枝。
三宗道合因无我，万里倾心为有师。
法雨频沾期此际，迷津倦济欲何之。
九峰云掩千花座，四色莲开七宝池。
丈室徘徊劳想像，乐邦迢递忍栖迟。
残霞古木风来处，秋水石潭月落时，
哀慕未能空象外，林泉岩壑总成悲。

祝阐教禅师八十寿（三首）

性天寥廓，觉海渊澄。高深毕睹，今昔孰曾。
维师降灵，殆非偶尔，乘大愿轮，为如来使。
冰霜三聚，烟水百城，孤峰绝侣，鹏举狮行。
契古南心，接贤宗武，据曲录床，击大法鼓，
道行四刹，闻达九重，光辉泉石，奔腾象龙。
奋笔注经，扣关击节，白发青灯，老而不辍。
慈父孝子，法王忠臣，承先启后，师乎其人。
德斯寿斯，胡为乎祝，聊尔殷勤，岳培一掬。（一）

阎浮地胜超寻常，千佛出兴古道场，
生缘幸托薄天堂，况当御世遭轮王。
开士应缘来帝乡，愿轮高驾何轩昂，
狮搏鹏举见行藏，显密权实难测量。
白马西来岁月长，五乘八藏实汪洋，
古今注疏滋分张，歧多遂尔致羊亡。
为怜末学别雌黄，博采群诠定宗纲，
措词析义精且详，该括五教宗清凉。
时挥尘尾吐词章，河流四辩韵铿锵，
狞龙威凤逐腾翔，零乱天花雨座傍。

金錍妙手开生盲，高风四播倾遐方，
番僧入贺对举扬，三宗五部语琅琅。
紫衣昔曾惹御香，师号今更叨天光，
春秋八十老风霜，荣辱心知师已忘。
片言用祝寿弥昌，维持此道答吾皇，
僧史他年照缥缃，拈花万古转芬芳[①]。（二）

岁月灵椿秀气钟，神资道味貌如松，
《法华》深悟不迁旨，般若巧传无住宗。
愿海正翻波浩浩，心灯早续焰重重。
却惭无物为师寿，倩得须弥第一峰[②]。（三）

---

① 本首诗在嘉庆二十二年《梦东禅师遗集》二卷本中原题为“为阐教禅师贺”。

② 本首诗在嘉庆二十二年《梦东禅师遗集》二卷本中原题为“阐教禅师八十寿”。

为潭柘监院琮公七旬寿

重兴千载旧丛林，令德维新道俗钦，
一片悲田耕不尽，几重愿海探弥深。
石潭见底常含月，老柘凌空正布阴，
鼻孔曾无措大气，谩劳相向话从心。

为广善复公法主五旬之庆

云奔水赴竞相依，赫赫声光动帝畿，
顽石真教头自点，天花时傍座前飞。
筌蹄都脱情无滞，境观重空道入微，
济物应将筹论室，谁云四十九年非。

铁冶亭长江濯足图

幻质本来空，寓形良有以。
乾坤一叶舟，今古长江水。
船子覆何曾，庞公吸未已。
快哉无垢人，濯足灵源里。

小径莳花

绕径植花丛，殷勤夺化工。
源头汲活水，叶底露春风。
既委真犹幻，何妨色是空。
西来无限意，漏泄此园中。

题柏石小照

坐断千差不染尘，何妨身外更分身。
百城南去门庭旧，万里西来面目新。
柏老已传佳话遍，石灵应解点头频。
水云未委深深意，犹谓师将境示人。

山居（三十首）

谒罢禅筵及讲丛，归来茅屋四山中，
黄精紫芋食无尽，活水干柴用不穷。
云净夜寒猿啸月，林深日暖鸟吟风，
遥思海上同参者，此意何能一信通。（一）

一龛寂寂枕孤峰，极目烟峦色转浓，
瀑布直[①]垂千丈壁，悬岩倒长万年松。
苔封古径樵歌断，月照深林塔影重，
借问庵中谁是主，衔花百鸟觅无踪。（二）

山空人静水淙淙，独自披衣对夜釭，
花气隔帘侵石榻，钟声和月到松窗。
尘尘三昧机先露，扰扰狂心定后降，
通晓坐来浑似睡，梦魂几度落莲邦。（三）

结茅一住便相宜，心眼空来说向谁，
竹榻通宵尘梦断，蒲团竟日素怀怡。

① “直”，原本作“真”，嘉庆二十二年《梦东禅师遗集》二卷本与《彻悟禅师遗稿》中均作“直”，现按之校订。

看梅待月归来晚，听瀑临风睡去迟，
此趣未居山不委，居山能得几人知。（四）

千峰如画掩柴扉，石径苔深人迹微，
流水影含空界月，落花香袭老僧衣。
此宗本自无迷悟，大道何曾有是非，
客到不将拳指示，任教人话钝禅机。（五）

我依性癖爱幽居，卜得重岩构小庐，
满地白云常近榻，绕门流水自成渠。
清晨和露食林果，入夜挑灯读佛书，
消受几多闲岁月，雅怀此外复何如。（六）

两鬓斑花岁月徂，青山入眼渐模糊，
坐来定里眉毛重，老去胸中佛法无。
临涧自怜禅影瘦，穿云唯喜杖藤枯，
盘桓不厌频相对，阶下支离松几株。（七）

半间箬屋足幽栖，岩岫参差覆户低，
就荫频来松树下，消闲徐步板桥西。
晴峰有色时窥座，皓月无声夜落溪，
对客不谈玄字脚，从教千古错标题。（八）

寄迹空山为学呆，更教何事可干怀，
经书高向虚空挂，佛祖深于实际埋。

云净月圆当夜户，雨余花落覆春阶，
客来懒共闲饶舌，门额题悬“止止斋”。（九）

幽岩竟日坐堆堆，口满醭花衣满苔，
但向眉间悬宝剑，谁于肚里著寒灰。
咄哉纵火婆休去，久矣衔花鸟不来，
莫把野狐涎唾我，此间明镜不当台。（十）

南枝梅蕊报先春，造化传来消息真，
焰吐冰河宛有象，气融雪谷杳无垠。
草鞋跟底山川旧，竹杖头边岁月新，
万叠云峰图画里，何妨老我一闲身。（十一）

机先得旨不关文，纸烛才吹钞便焚，
执谢无庸情缱绻，心空岂碍境纷纭。
看山见见见非见，听瀑闻闻闻不闻，
此意是谁堪共委，好将一榻卧松云。（十二）

山家没事到黄昏，分付儿童早掩门，
白牯自回九曲涧，黄猿不恋六花村。
风鸣万籁声初静，月上千峰影半吞，
翻忆岭骈途路者，无端辜负草鞋跟。（十三）

万缘脱略海天宽，尘世无交宜隐峦，
不有桃花惊客眼，唯余梅子溅牙酸。

传灯谁共挑灯话，指月时携就月看，
往事回观堪一笑，此心十载倩人安。（十四）

山外环溪溪外山，红尘飞不到林间，
岩边朽木甘他朽，岭上闲云羡我闲。
撞彩何难斫一指，脱空未惯说三关，
葛藤桩子连根拔，壁立门前路绝攀。（十五）

期从幽壑了残缘，面壁谁拘定九年，
折柄镢头堪著力，落床枕子不惊眠。
移花偶惹春风至，汲水常担夜月还，
一领袈裟零乱甚，那来佛法与人传。（十六）

为爱林泉趣颇饶，市廛隔绝路迢遥，
千重[1]竹树居幽僻，一个蒲团坐寂寥。
昼静窗中山色淡，日高帘外鸟声娇，
定回满目皆生意，乘兴扶筇过小桥。（十七）

铁犁木耙久曾抛，投老情怀百不胶，
饥腹欲填斸紫芋，漏房将补斩黄茅。
溪边苔厚牛无迹，谷口云横鸟觅巢，
道者行藏唯自信，世途何用苦相嘲。（十八）

① “重”，有本作“更”，或“枝”，现按《梦东禅师遗集》二卷本校订。

藏身自画地为牢，选得一峰高又高，
篱壁深栽玄兔角，衡门重覆白龟毛。
窗开时放烟霞入，夜静唯闻虎豹号，
住后不知谁是我，清风明月两嚣嚣。（十九）

鹤骨撑撑背欲驼，剧怜岁月密相过，
寥寥吾道堪谁寄，咄咄人生奈老何。
闲向溪流征面目，漫从石壁写伽陀，
年来得个休心诀，一榻翛然伴睡魔。（二十）

潦倒无羁野衲家，饥来吃饭渴来茶。
砖头磨镜人皆笑，心字书门我亦嗟。
放旷不寻新事业，忘机泼撒旧生涯。
近时也向岩前坐，没个天人更散花。（二十一）

曲径重林山半央，竹篱低护矮茅堂，
一湾流水千溪月，满坞梅花十里香。
夜户雪埋禅榻冷，晓钟梦破地炉霜，
他年待到台山日，好与文殊细较量。（二十二）

疏拙难堪应世情，余生赢得寄柴荆，
且无活计卷唇镢，尽有家私折脚铛。
亭畔开池宜浣月，篱边种菊喜餐英，
敢云野况齐安养，差胜人间闲利名。（二十三）

不坐蒲团不看经，主人更说甚惺惺，
眼中曾不着金屑，空里何须钉铁钉。
雨溅落花香满地，风惊悬瀑响虚庭，
客来问我山中境，一片寒松万顷青。（二十四）

万峰罗拜最高层，斗室中藏个老僧。
花发千林春若锦，云邻四壁夏如冰。
且无隙地栽瓜豆，那得闲情打葛藤。
怪底经年人迹少，凌空鸟过不堪登。（二十五）

同群鹤鹿老林丘，万壑千岩尽自由，
不向须眉惊梦幻，肯将寒暑记春秋。
闲听好鸟时鸣止，笑看白云自去留，
烂煮黄精噇得饱，倚松枕石睡齁齁。（二十六）

韶光一去杳难寻，鬓染霜花老渐侵，
肩上横将朽木担，胸头剩有壁观心。
当机谁发拈花笑，向日躬穿补衲针，
遮莫秋风扇四野，满林黄叶正如金。（二十七）

若鲁如愚百不堪，乱峰深处著茅龛，
曾无声迹劳他觅，那有幽奇到我探。
杖挂苔衣仍靠壁，经穿蠹字未开函，
山灵似解寂寥甚，日遣闲云傍座参。（二十八）

峰回磵合屋头尖，尘外风光足四檐，
满径幽香花浸露，半床虚白月筛帘。
心从歇去禅饶味，机到忘来虎不嫌，
林壑久深投老约[①]，何妨华发镜中添。（二十九）

年来无力下巉岩，竟日斋余口便缄，
腰瘦难围三束篾，身轻争挂七斤衫。
灰寒古鼎犹重拨，草满空阶亦懒芟，
客到也须高著眼，谩劳相对话喃喃。（三十）

① “约”，有本作“豹”，应为误写。

纸鸢

放去收来一线牵，等闲出没太虚边，
无心落影留春水，得意乘风破晓烟。
质幻自应超象外，音希谁解听声前，
可怜都作儿童戏，几度空劳下远天。

和惺斋主人原韵

跏趺百虑未全澄，已是人间无事僧。
说法闲将三寸舌，酬机剩有一枝藤。
香花此日来天界，公案他年入祖灯。
独愧蒲团空几破，深禅妙悟竟何曾。

偶 作（三首）

五蕴山头个朽庐，六窗虚豁任缘居，
空华谁复分荣落，幻影无劳问我渠。
二鼠啮藤情促促，四蛇盘箧体如如，
云林一段闲消息，黑漆屏风醉后书。（一）

湖海年来懒构庐，寄怀何处不幽居，
三千刹土行无迹，一个蒲团坐有余。
今古任教说去住，佛魔自是没亲疏，
溪山云月活兰若，无用心心门壁书。（二）

八面郎当个故庐，是谁于此解安居。
创来莫问年多少，到者方知地有余。
香尽古炉烟寂寂，月移空界影徐徐。
就中一种真奇绝，户牖不开见十虚。（三）

落 花（十首）

小院春移兴索然，蜂痴蝶恋尚蝉联，
残红堕雨埋幽径，冷艳流香腻逝川。
一片愁含三际外，几枝梦断五更前，
薄情最是东风恶，吹落无心似去年。（一）

禅心久不为春伤，无那飞红照眼光。
风妒暗催辞故本，苔娇遥倩点新妆。
讲台昼静翻晴雨，丈室窗空映晚塘。
愁杀东园将宿蝶，梦魂从此不成香。（二）

扑扑余香袭衲衣，隔帘时见鸟衔飞。
一林春老吟情淡，三径苔深客屐稀。
是境是心劳我辨，非空非色定谁归。
东风莫教吹便尽，留取些些衬草菲。（三）

无奈留春不住何，朱英玉蕊乱辞柯。
月怜影瘦光应减，鸟怨枝空骂定多。
香水潺湲牵客思，绿阴掩映动樵歌。
头陀未惯空心眼，见见闻闻堕臼窠。（四）

东西逐逐二轮忙，断送春光去渺茫。
梦蝶惊风心欲醉，锦苔过雨地生香。
高楼有兴空裁句，短杖无聊日倚墙。
自笑年来禅力薄，也随浮幻动愁肠。（五）

鸟怨春归啼锦丛，窗开满地尽残红。
幽崖有约还期坐，病室何人更滞空。
再放下时应具眼，未拈起处好钦风。
凭栏珍重舒长望，岂在纭纭物态中。（六）

暮雨朝风兴尚幽，流光易过眼睛头。
金乌啄破千枝血，玉兔踏残满地愁。
仙洞溪流春片片，江城笛弄恨悠悠。
谁探藏海荣枯本，弹指一登慈氏楼。（七）

红销香冷欲何任，节序摧残故恼人。
不禁已添头上雪，可堪重减眼前春。
愁风愁雨更愁露，堕水堕苔兼堕尘。
化母不知工省费，拟将铺地绣长茵。（八）

雨声才过又风声，花事年来兴不盈。
幽鸟多情春竟去，夜窗无赖月偏明。
五衰何处终天相，十劫还他重法情。
眼底闲愁抛未得，经旬高卧掩柴荆。（九）

春光岁岁去还来，经惯无庸著甚哀。
不逐残芳惊睡眼，从教细草没灵台。
依墙游屐全霉雨，倒地诗瓢半裹苔。
定起忽过村圃暮，清风明月两徘徊。（十）

阅《归元镜》

大方无滞见通人，用处投机法法亲。
触目已成三圣观，和声与种九莲因。
一乘本不容株守，二谛何尝是浪陈。
解展化权常格外，空花也放少林春。

香严居士肖像

富贵场中偶现身，灵根久不昧前因，
谁曾在欲能离欲，君独同尘不染尘。
万劫情关期力透，一声佛号与心亲，
他年九品莲高占，应是而今画里人。

偶成（四首）

辇路横门外，皇都峙寺傍，
禅关白昼掩，端坐一炉香。（一）

古柏根盘地，刹竿顶指天，
客来休借问，此外更无禅。（二）

浩浩红尘迷白昼，堂堂古路透皇都，
知他来去忙忙者，脚底还曾踏著无？（三）

寺近皇都静若山，机忘何地不闲闲，
经年只解贪趺坐，岂料浮名满世间。（四）

题慈因讲寺太湖石

经年怪底久沉埋，孤硬无情触处乖，
试看生公未入坐，依稀他却点头来。

病中示众（二首）

轮回偶忆骨毛寒，四十年光一指弹，
禅病通身医不得，只应高卧且加餐。（一）

适从邻院参新座，又共刘郎结净因，
竟日劳劳忙未了，不知身是病中身。（二）

三周哭师（三首）

忆昔泥洹示早秋，经今屈指已三周，
断肠不耐频追思，恩怨重重若为酬[①]。（一）

乌藤白拂共传心，皮髓分时论芥针，
白浪洪波空浩渺，黄金骨具欲谁寻。（二）

自恨当年缺主张，只将九拜当寻常，
而今有口如何说，沉水一炉泪两行。（三）

---

① “酬”，有本作“酹”，应误，现按嘉庆二十二年《梦东禅师遗集》二卷本校订。

立 春

蒲团瞌睡正酣浓，忽报春光岁里通，
鞭起泥牛急著力，一犁耕破古长空。

香严公松泉小照（三首）

净业曾经细较量，数年相与集《津梁》，
跏趺竟日成三昧，不是堆堆学坐忘。(一)

莲蕊书名胜祖灯，宗风不羡岭南能，
金台一任来迟早，且作人间带发僧。(二)

一句弥陀万虑休，脚跟不动出阎浮，
相逢若问唯心旨，松自青青水自流。(三)

挽戒台度公（四首）

白发盈头走市廛，知他未了是何缘，
无端夜奏还乡曲，一日能教万口传。（一）

不爱深山坐寂寥，九重城里打尘劳，
脚跟自有通宵路，突兀须弥未是高。（二）

无位真人赤肉团，红尘堆里许谁瞒，
临行一句分明说，勿谓从空放下难。（三）

来兮有象波含月，去也无心鸟迹空，
拨转上头关棙子，金乌突出一轮红。（四）

自题肖像（六首）

鼻孔才通气，斑麻数不清，
只须看嘴脸，何用问生平。（一）

参久禅无[1]悟，翻残教未通，
可怜个面目，也入画图中。（二）

披残肩上衲，捏遍手中珠，
一句弥陀佛，还曾记得无？（三）

岂但投机拙，何尝见谛通，
将他无量寿，唤作主人翁。（四）

两处皇都寺，一生净土心，
从来无所住，料得有知音。（五）

真身原有相，幻质却无形，
觌面相逢着，不须话姓名。（六）

① “无”，有本作“为”，现按嘉庆二十二年《梦东禅师遗集》二卷本校订。

彻悟大师文集

附　编

附录一　彻悟大师轶文

《净土生无生论会集》释题

（谨案：《净土生无生论》一卷，明代幽溪传灯大师撰，为净土宗重要论著。其注疏《净土生无生论会集》，为彻悟大师弟子清代红螺山比丘达默集，收于《卍新纂续藏经》（第 61 册，No.1169）中。其题名“会集”，是因为其中释题一科，皆出自彻悟大师之笔；原论中著述，尽采天台宗之旨意，作者达默法师为虑后进根机浅钝，难达妙义，特采集经教、祖语，加以详细解释，故名“会集”。可见，《净土生无生论会集》中释题一科，保存了彻悟大师的珍贵轶文。）

《净土生无生论会集》序

夫净土者，确实而言，非是生，亦非无生也。何则？净土者，乃心性之异名也。本无惑染，强名曰净。众生依止，强名曰土。既是自心，则生与无生，皆成戏论矣。今言生者，乃大慈悲父，为儿女心重，于第二门头，拔苦与乐之谓，乃生灭门意也。又言无生者，乃古善知识，为佛法情深，依第一义谛，应病下药，乃真如门意也。二门唯是一心，说甚生及无生也。然而一心具足二门，不妨生与无生也，是故古人唤作倚门望子也。若如此会得，则能圆超四句，圆该四句，绝待圆融，不可思议。自然超情离见，免堕如藤依树之诮、若触火聚之讥也。嗟乎！是时也，正值法苑秋晚，僧海冬深。狮子虫遍于霜林，水潦鹤充满冰海。纵然佛祖再出，亦无门可望矣。我辈何人，敢鼓舌摇唇？亦只为支持门庭，事不获已耳。问：汝何人也，不自忖量，敢作注解耶？答：我亦非何人，实亦不敢作注解。今是书也，乃于病苦之暇，集些残羹宿饭，只欲自餐自饮。不意旁观有不嫌酸臭者，逼而夺之，非不自量也。然是宿饭也，虽不可饱人之口，而于我等饥饿者，不无小补。今题曰“会集”者，谓释题一科，皆出彻祖之笔。若不集之，恐失传也。论中著述，尽采台宗之意，若不会之，恐失详也。今会而集之，作斯名焉。

道光己酉年（道光二十九年，公元 1849）清和月

红螺山慕莲学人达默述

《净土生无生论会集》

明天台山幽溪沙门　传灯和南　撰
清红螺山资福比丘　达默和南　集
清红螺山资福沙门　达林和南　订

讲释此论，大科分三：初总标论题，二请加述意，三分门立论。

初又二：初论题，二论主。

初又三：初解净土，二解生无生，三解论字。

初解净土，又四：初辩四土，二述缘起，三明宗旨，四显胜益。

初又三：初明四土名义，二明四土染净，三明四土横竖。

初又二：初列名，二辩义。

〇今初。

名者，四土名字也。四土者，十界众生所依之国土也。土虽无量，略摄为四：初常寂光土，二实报无障碍土，三方便有余土，四凡圣同居土。以四土摄十界者，寂光是佛国土，实报是菩萨国土，方便是声闻、缘觉国土，同居乃六凡国土。

〇二辩义，又四。初常寂光土，乃至第四凡圣同居土。

〇今初。

常寂光土者，乃诸佛所住三德秘藏也，而分性修二德。

言性德者，乃众生本具之心性也。《梵网玄义》云：常即法身，寂即解脱，光即般若。又三德皆常，性无迁故；三德皆寂，离尘劳故；三德皆光，极明净故。如此三法，不纵不横，名秘密藏。此即下文论中所谓性体、性量、性具。性体，乃本具法身德。性量，乃本具般若德。性具，乃本具解脱德。亦即三谛：常即中谛，寂即俗谛，光即真谛。即一而论三，故非纵；即三而论一，故非横。非纵非横，不可思议，故名秘密藏也。此乃性德。

言修德者，后文云：修之者，称性照了也。谓修空观，破见思，称真谛性，成般若德。修假观，破尘沙，称俗谛性，成解脱德。修中观，破无明，称中谛性，成法身德也。

性修合论，乃清净法身之所游居。约性德理，名土；约修德智，名身。身土一如，非二相也。此无各各别异之致，而实遍周别异界中，以别异界离此别无安立处故。

〇二实报无障碍土

实报无障碍土者，称乎实相，真实果报，故曰实报；色心自在，尘刹互含，故曰无碍。此土乃圆教四十一位、别教地上大士之所游居。身能现土，土亦现身，不违法性，胜妙庄严，具如《华严经》所明法界安立海也。又名分证常寂光土，法身大士所居故。

〇三方便有余土

方便有余土者，出三界外有净土，三乘圣人修方便道之所游居，故曰方便；但尽见思，未除别惑，但离分段，未免变易，故曰有余。谓九人生于此土：藏教二人，谓声闻、支佛；通教三人，谓声闻、缘觉，及六地以上菩萨；别教三人，十住、十行及十回向；圆教一人，即十信也。此九人但修空观，断见思之通惑；别圆虽修假中，无明未破，未曾证实，故曰方便。亦名实报土，乃三乘圣人之实报故。

〇四凡圣同居土

凡圣同居土者，本是凡夫有漏善、不善、不动业之所招感，而圣人亦复同居，故曰凡圣同居土也。先明凡，次明圣。

凡夫者，谓三界九地也。三界者，谓欲界、色界、无色界也。九地者，谓一、五趣杂居地，二、离生喜乐地，三、定生喜乐地，四、离喜妙乐地，五、舍念清净地，六、空无边处地，七、识无边处地，八、无所有处地，九、非非想处地。

初、五趣杂居者，谓欲界内，三途、人道、六欲诸天杂处，故曰五趣杂居也。

二、离生喜乐者，初禅三天，谓梵众天、梵辅天、大梵天，已离五欲，发得初禅五支功德，谓觉、观、喜、乐、一心，故曰离生喜乐地也。三、定生喜乐者，二禅三天，谓少光天、无量光天、光音天。此三天，又离初禅觉观二支，而得内净、喜、乐、一心，四支功德，故曰定生喜乐地也。四、离喜妙乐者，谓三禅三天，少净天、无量净天、遍净天。此三天，又离二禅之喜支，而得三禅舍、念、慧、乐、一心，五支功德，故曰离喜妙乐地也。五、舍念清净地者，谓四禅九天，福生天、福爱天、广果天(此三乃凡夫天)，无想天(此外道天)，无烦天、无热天、善见天、善现天、色究竟天(此乃五不还天，三果圣人所居)。此九天，又离三禅之乐支，而得不苦不乐、舍、念、一心之四支功德，故曰舍念清净地也。已上四地，名为色界，谓以色蕴为界也。

六、空无边处地者，《楞严经》云："若在舍心，舍厌成就，觉身为碍，销碍入空，如是一类名为空处。"七、识无边处者，"诸碍既销，无碍无灭，其中唯留阿赖耶识，全于末那半分微细，如是一类名为识处。"八、无所有处者，"空色既亡，识心都灭，十方寂然，迥无攸往，如是一类名无所有处。"九、非非想处者，"识性不动，以灭穷研，于无尽中，发宣尽性，如存不存，若尽非尽，如是一类名非非想处。"此四地皆无色蕴，故曰无色界也。

又名二十五有，谓四洲、四恶趣，六欲并梵天，四禅、四空处，无想及那含，此诸众生，皆是有漏因果，故曰二十五有也。

此明凡夫。下明圣人。

圣有二种，谓权、实。实者，谓藏四果、通六地、别十住、圆十信，通惑虽断，报身犹在，故曰实圣。权者，谓此圣人，或是寂光、实报、方便土人，由大悲愿力，哀愍众生，示生此界，非是业牵。以此二种圣人，与凡杂处，故曰凡圣同居土也。

问：同居土人有权实，上三土亦有权实否？

答：方便土，二权一实。若从同居断惑而生，如前九人，总名一实。若从寂光、实报，佛及菩萨为诱定性二乘及地前菩萨，令入正位，示居方便，是名二权。实报土中，一权一实。四十一位，总名一实。妙觉法佛，现报身相，名之为权。寂光土中，唯实无权，以是诸佛所游居故。

初明四土名义竟。

○二明四土染净

四土染净者，《观经疏》云：五浊轻重，同居净秽；体析巧拙，有余净秽；次第顿入，实报净秽；分证究竟，寂光净秽。

《妙宗》释云：五浊者，劫浊、见浊、烦恼浊、众生浊、命浊。此五浊轻，所感同居则净，如极乐世界、妙喜世界也。五浊重者，则秽，如今娑婆世界也。即娑婆亦分净秽不同。如四教凡位，皆令浊轻，所感皆净。而圆教轻浊，感同居依正最净。

言体析巧拙、有余净秽者，体者，通教体空观。析者，藏教析空观。通人智巧，用观则巧。了达五阴当体本空，不待分析而后知空。以此体空智慧，断惑证真也。藏人智拙，用观则拙。必以四大五阴分析，而后知人空。以此析空智慧，断惑证真也。然此土净相亦宽。析观感秽，可在三藏。体观感净，不专通人。衍门三教，对三藏析，俱明体法。通但空体，别次第体，圆不次第体。三人生彼，俱感净相，圆人最净。

言次第顿入、实报净秽者，次第者，别教次第三观也。顿入，乃圆教一心三观也。别人根钝，不了即中，故先修空观，断见思；次修假观，断尘沙；后修中观，断无明；故曰次第三观也。圆人根利，了达诸法，唯一念心。一念心具足诸法。非一非诸，亦一亦诸。不断而断，圆断五住，故曰一心三观也。而言净秽者，若论证实，则唯一净。今约教道，别十地不融，所感则秽也。

言分证究竟、寂光净秽者，分证，指别妙觉。究竟，乃圆妙觉。而分净秽者，别圆妙觉，同证寂光。若论断惑，别妙觉仅断十二品无明，则与圆二行齐，犹属分证位。圆教断惑，则有四十二品，乃名究竟。故曰分证究竟、寂光净秽也。

○三明四土横竖

论四土横竖者，约别圆二人论也。竖论者，出于同居，乃入方便。出于方便，乃入实报。出于实报，而入寂光。断惑既浅深不同，住处亦高下迥别。横论，则不移当处，所见自殊。于同居土，横超上三土。所谓见思断尽，即见方便；尘沙断尽，分破无明，即见实报，亦得分见寂光；无明断尽，即得了了见于寂光。于方便土，横超上二，谓实报、寂光。于实报土，横超一土，谓寂光。寂光土无复可超，亦无横竖。又约诸佛菩萨，及三乘圣人，随于己土，横竖自在。寂光土能为众生现下三土，实报能现下二，方便能现同居。又同居土能示上三土，方便能示上二土，实报土能示寂光土也。

初辩四土竟。

〇二述缘起

夫缘起者，现前一念妄心，乃一法界总缘起。彻祖曰：最初迷真起妄，则曰一念妄动。末后返妄归真，则曰一念相应。是则起妄之后、归真之前，更有何法，能外此一念乎？是故一念悟、随净缘，即佛法界缘起。迷、随染缘，即九法界缘起。十方虚空，是此一念迷昧。一切国土，是此一念澄凝。四生正报，乃此一念情想合离。四大依报，是此一念动静违顺。唯依此念，变现诸法。离此念外，无法可得。原此一念，本是法界，从缘而起。缘无自性，全体法界。故得横遍十方，竖穷三际，离过绝非，不可思议。法尔具此威神，法尔具此功用。今以此念，念于西方阿弥陀佛，求生极乐净土。正当念时，西方依正，已在我之心中。而我此心，已在西方依正之内。如两镜交光，相含互照。此横遍十方之相也。若约竖穷三际，则念佛时，即见佛时，亦即成佛时；求生时，即往生时，亦即度生时。三际同时，更无前后。帝网珠光，难齐全体。南柯梦事，略类一斑。此理悟之最难，信之最易。但能直下承当，终必全身受用。可谓参学事毕，所作已办矣。如或未能，但当任便观察，随分受用耳。

述缘起竟。

〇三明宗旨，又四：初直示唯心，二进明万法，三绝待圆融，四超情离见。

初又分四：初约现等三量，楷定唯心；二约事理二门，辩明具造；三约名体同异，拣定真妄；四约本有现前，折衷指点。

〇今初。

宗者，纲宗。旨，谓旨趣。须知一句阿弥陀佛，以唯心为宗。此唯心之义，须以三量楷定。三量者，现量、比量、圣言量也。现量，谓亲证其理也。如罗什大师，随母入寺，见佛钵，喜而顶戴之。俄而念曰：我年甚幼，佛钵甚重，何能顶戴？是念才动，忽失声置钵，遂悟万法唯心。高丽唯晓法师，来此土参学，夜宿冢间，渴甚，明月之下，见清水一汪，以手掬而饮之，殊觉香美。至次日清晨，乃见其水，为墓中控出，遂恶心大吐，乃悟万法唯心，便回本国著述。此皆现量亲证也。比量者，借众相而观于义，比喻而知也。诸喻之中，梦喻最切。如梦中所见，山川人物，万别千差，皆不离我能梦之心。离梦心外，别无一法可得。即此可以比喻而知，现前一切万法，但唯心现也。圣言量者，三界唯心，万法唯识，千经万论，皆如是说。

楷定唯心竟。

〇二约事理二门，辩明具造

言辩明具造者。具，谓理具。造，谓事造。只此一念心中，本具十界万法。即此一念心性随缘，能造十界万法。理具，如金中本具可成瓶盘钗钏之理。事造，如工匠炉锤之缘，造成瓶盘钗钏之器。又理具，如面中本具可成种种食物之理。事造，如水火人工之缘，造成种种食物。由有理具，方有事造。理若不具，事何所造？所以理具，但具事造。离理具外，别无事造。由有事造，方显理具。事若不造，争知理具？所以事造，只造理具。离事造外，别无理具也。

已辩具造竟。

〇三约名体同异，拣定真妄

言拣定真妄者，佛法中有名同体异者，有名异体同者。名同体异，如心之一名，有肉团心，有缘虑心，有集起心，有坚实心。肉团心，同外四大，无所知识。缘虑心，通于八识，以八种识皆能缘虑自分境故，此则是妄。集起心，唯约第八，以能集诸法种子、能起诸法现行故，此则真妄和合。坚实心者，即坚固真实之性，乃离念灵知、纯真心体也。今言唯心者，乃唯坚实纯真之心也。名异体同者，如诸经中所说真如、佛性、实相、法界等，种种极则之名，皆此坚实纯真心也。

已拣真妄竟。

〇四约本有现前，折衷指点

言折衷指点者，以诸经皆言无始本有真心。夫既曰本有，即今岂无？而今现有，即本有也。若无无始，则无现前。若离现前，岂有无始？是故不必高尊本有、远推无始，但现前一念心之自性，即本有真心也。以现前一念，全真成妄，全妄即真。终日随缘，终日不变。离此现前一念之外，岂别有真心可得哉！古德云：威音那畔，不离今世门头；众生现行无明，即是诸佛不动智体。其庶几乎！

由上四义，以显唯心，故一以唯心为宗也。

初直示唯心竟。

〇二进明万法

进明万法者，又一句阿弥陀佛，以唯佛为宗。以一切万法，既是心现，全体唯心。心无彼此，心无分齐。于十界万法，若依若正，假名实法，随拈一法，皆即心之全体，皆具心之大用。如心横遍，如心竖穷。以唯心义成，唯色、唯声、唯香、唯味、唯触、唯法，乃至唯微尘、唯芥子，一切唯义俱成。一切唯义俱成，方成真唯心义。一切唯义不成，但有唯心之虚名，而无唯心之实义。以一切唯义俱成，故曰法无定相，遇缘即宗。唯微尘、唯芥子，尚可为宗。八万相好庄严之果地弥陀，反不可以为宗耶？故以唯佛为宗。

第二、进明万法竟。

〇第三、绝待圆融

绝待圆融者，又一句阿弥陀佛，以绝待圆融为宗。于十界万法，随拈一法，无非即心全体，具心大用，横遍十方，竖穷三际，离于四句，绝于百非，独体全真，更无有外，弥满清净，中不容他。一法既尔，万法皆然。各约诸法，当体绝待无外，是为绝待。又以十界万法，各各互遍，各各互含，一一交罗，一一该彻，彼彼无障无碍，各各无坏无杂。如当台古镜，影现重重；如帝网千珠，回环交摄。此约诸法迭互相望，是为圆融。今合绝待圆融为一宗。正绝待时，即圆融。正圆融时，便绝待。非离绝待，别有圆融。绝待，绝待其圆融。非离圆融，别有绝待。圆融，圆融其绝待。绝待圆融，各皆不可思议。今共合为一宗，则不思议中不思议也。

第三、绝待圆融竟。

〇第四、超情离见

超情离见者，以但约诸法绝待，离过绝非，已超一切众生情妄执着、三乘贤圣所见差别；若约诸法圆融，圆该四句，融会百非，尤非凡情圣见之所能及，故总立超情离见为宗。

初以唯心为宗，次以唯佛为宗，三以绝待圆融为宗，末以超情离见为宗。总此四重宗旨，方是一句弥陀正宗宗旨，岂易言哉！

第三明宗旨竟。

〇第四显胜益

夫见道而后修道，修道而后证道，此乃千圣同途、千古不易之定论也。然见道岂易言哉。若依教乘，必大开圆解；若依宗门，必直透重关，然后得论其修道。否则便为盲修瞎练，不免撞墙磕壁、堕坑落堑矣。唯净土一门，则不然。从是西方过十万亿佛土，有世界名曰极乐，其土有佛，号阿弥陀，今现在说法。但发愿持名，即得往生。此乃佛心佛眼亲知亲见之境界，非彼三乘贤圣所能知见也。但当深信佛言，依此而发愿持名，即是以佛知见为知见，不必另求悟门也。

又余门修道，必悟后依法修习。摄心成定，因定发慧，因慧断惑。所发之慧有胜有劣，所断之惑有浅有深，然后方可论其退与不退。唯此净土门中，唯以信愿之心，专持名号，持至一心不乱，净业即为大成，身后决定往生。一得往生，便永不退转矣！

又余门修道，先须忏其现业。若现业不忏，即为障道，则进修无路矣。修净业者，乃带业往生，不须忏业，以至心念佛一声，能灭八十亿劫生死重罪故。

又余门修道，须断烦恼。若见思烦恼分毫未尽，则分段生死不尽，不能出离同居国土。唯修净业者，乃横出三界，不断烦恼，从此同居，生彼同居。一生彼土，则生死根株便永断矣。既生彼土，则常常见佛，时时闻法。衣食居处，出于自然。水鸟树林，皆悉说法。同居土中，横见上三土。诸上善人，俱会一处。圆证三种不退，一生便补佛位。

然则净土一门，最初省求悟门，末后不待发慧，不须忏业，不断烦恼，至极省要，至极径捷。及其证入，至极广大，至极究竟。学者当细心玩味而详择之。毋以一时贡高，失此殊胜最大利益也。

显胜益竟。大科解净土已竟。

〇二解生无生又三：初约教，二拣收，三破立。

〇今初。

言约教者，四教皆有生无生义，若不细拣，则有笼统之过。约藏教者，《纲宗》云：诸行无常，是生灭法。生灭灭已，寂灭为乐。因灭会真，灭非真谛。灭尚非真，况苦、集、道。真谛在因果事相之外。故依衍教，判为偏真无生也。约通教者，诸法不自生，亦不从他生，不共、不无因，是故说无生。解苦无苦，而有真谛。苦尚即真，况集、灭、道。此乃即真无生也。约别教者，真如法性，随缘不变，在生死而不染，证涅槃而非净。迥超二边，不即诸法。此乃但中无生也。约圆教者，如来之藏，不变随缘，随缘不变。随拈一法，无非法界。心、佛、众生，三无差别。在凡不减，在圣不增。此乃圆教圆超四句、圆该四句、不思议之无生也。

约教竟。

〇二拣收

言拣收者，谓拣去前三无生，收入圆乘也。何者？藏教则生灭灭已，寂灭为乐。生灭者，二十五有生灭法也。寂灭者，偏真涅槃也。无生在生灭之外。此《论》生无生者，乃即生之无生，故非藏教之意也。通教虽言生即无生，不得意人，终归灰断之果。又藏通二教，不言他方佛土。此《论》乃他方净土之生，即是无生，故又非通教之意也。别教虽言他方佛土，而但中之理，不即二边。此《论》生无生者，乃即二边之生即中道无生，故又非别教意也。唯圆教即中之理，即四土之生法，当体即中，圆离四句，圆融四句，谓生即无生也，亦即亦生亦无生也，亦即非生非无生也。举一即四，全四即一，故曰不可思议之无生，正是此《论》之本旨，故曰净土生无生论也。

〇三破立

破立者，世人有偏执有生者，偏执无生者。偏执有生，犹有往生之益。而偏执无生者，大端堕在缘影妄想，以为唯心净土，自性弥陀。故题曰“净土生无生论”，正破缘影之虚妄，而立乎净土之生，即心性之无生也。故古德云：生则决定生，去则实不去。又曰：因缘所生法，我说即是空，亦名为假名，亦名中道义。下文《论》云：心具而造，岂分能所？即心是佛，即佛是心。即心是土，即土是心。能造因缘，及所造法，当处皆是心性。故明此宗而求生乐土者，乃生与无生两冥之至道也。

解生无生竟。

〇三解论字

梵语优波提舍，此云论义。《裂网疏》云：谓问辩征析，剖断开示，令得决定之谓也。问辩征析，乃教论。剖断开示，乃行论。令得决定，乃理论。又问辩征析，乃名字位中闻慧教行理。剖断开示，乃观行、相似位中思慧教行理。令得决定，乃分证位中修慧教行理。又约教，乃世界悉檀之论。约行，乃为人、对治悉檀之论。约理，乃第一义悉檀之论。

释论题竟。

(后略)

附录二　彻悟大师传记、史料

《净土圣贤录续编》①

净业弟子　胡珽 编

《净土圣贤录续编》卷一

际 醒

际醒，字彻悟，号讷堂，姓马，京东丰润县人。幼通经史，剃染后，遍历讲席，博贯性相两宗，而于《法华》三观、十乘之旨，尤为心得。参广通粹如纯禅师，明向上事。师资道合，乃印心焉。后纯公迁万寿寺，醒继席广通，策励后学，宗风大振。每谓永明寿禅师，乃禅门宗匠，尚归心净土。况今末代，尤宜遵承。于是专修净业，主张莲宗。日限枝香晤客，过时则礼念而已。嗣迁觉生寺住持，寻退居红螺山资福寺。衲子

① 收于《卍续藏》第 78 册，No.1550。

依恋，追随日众，遂成丛林。醒为法为人，心终无厌，但一以净土为归。每当开演如来救苦摄乐之恩，或至泪随声落，听者亦未尝不涕泗沾衣也。

其《语录》二卷，尤为切至，略言：吾人生死关头，唯二种力。一者，心绪多端，重处偏坠，此心力也。二者，如人负债，强者先牵，此业力也。业力最大，心力尤大。以业无自性，全依于心，故心重能使业强。今以重心而修净业，则净业强。他日报尽命终，定生西方，不生余处矣。如大树大墙，寻常向西而歪，他日若倒，决不向余处也。何为重心？我辈修习净业，信贵于深，愿贵于切。以信愿深切故，一切邪说莫能摇惑，一切境缘莫能引转。假若正修净业时，达摩祖师忽现在前，令我舍净趋禅，可以立地成佛，我不敢从命。即释迦如来忽尔现身，谓更有异方便，胜于净土，令我舍此从彼，我亦不敢依教。此之谓深信。假如赤热铁轮旋转顶上，不以此苦，退失往生之愿。又若轮王胜妙五欲现前，亦不以此乐，退失往生之愿。如此逆顺至极，尚不改所愿，此之谓切愿。信深愿切，是谓重心。以是修净，净业必强，业强则熟。极乐净业若熟，娑婆染缘便尽。临终时，虽欲轮回境界再现在前，不可得矣。虽欲弥陀净土不现在前，亦不可得矣。然此信愿要在操之于素，到时自不入于岐路。如古德临欲命终，六欲天童次第接引，皆不去，专心待佛，佛现乃去。夫四大分张，此何时也？天童接引，此何境也？苟素常信愿不到十分坚固，当此时、对此境，而能强作主宰乎？

又云：有禅者问曰：一切诸法，悉皆如梦。娑婆固梦也，极乐亦梦也。同是一梦，修之何益？答曰：不然。七地以前，梦中修道。无明大梦，虽等觉犹眠。唯佛一人，始称大觉。当梦眼未开之时，苦乐宛然。与其梦受娑婆之苦，何若梦受极乐之乐。况娑婆之梦，从梦入梦，展转沉迷者也。极乐之梦，从梦入觉，渐至于大觉者也。梦虽同，而所以梦者实不同也，可概论乎！

嘉庆十五年二月，预知时至，辞诸外护，属曰：幻缘不久，虚生可惜。各宜努力念佛，他年净土好相见也。临寂半月前，示疾，命众助称佛号。见空中幢幡无数，自西而来，告众曰：净土相现，吾将西归。至十二月十七日申刻，复告众曰：昨见文殊、观音、势至三大士，今复蒙佛亲来接引，吾去矣。众称佛号愈厉。醒面西端坐，合掌凝眸，曰：称一声洪名，见一分相好。言毕，结印而逝。众闻异香浮空。露龛七日，貌如生，发白变黑。阇维，获舍利百余粒。世寿七十，僧腊四十九（《彻悟禅师语录》）。

西史氏曰：修禅修净，而独归心于安养。迹其梵行之精严，导人之切至，抑何与莲宗尊宿如同一辙欤？为人师，作佛祖，吾于是见之矣。

《正源略集》[1]卷第十六

（粹如纯禅师法嗣）

京都觉生彻悟醒禅师

参万寿纯有省，受心印。首住广通，足不出寺十五年。凡求指示者，以寸香为度。后奉命住觉生寺，道益高而望益重。

起七

佛性谁无？佛性谁有？三咬不见骨，一举四十九。师子野干鸣，野干师子吼。咄！咄！咄！夜半日轮红，面南看北斗。

解七

举禅板云：蒲团坐断古今，脚跟踏结佛祖。火炉头不容片雪，长空里任布重云。恁么是去？变大地作黄金，供养上座。如其不是，吃水也须防噎。须知悉达太子，夜睹明星，见大地众生齐成正觉，大似弃海认浮沤。调达老，堕身在地狱，如比丘入三禅乐，也是乞儿见小利。大力魔王，当时若解道个我待众生界尽，乃至无有众生名字，亦不发菩提心，却不妨始终丈夫。广额屠儿，放下屠刀便了，更说甚我是千佛一数。好人不

① 载于《卍新纂续藏经》第 85 册，No. 1587。

肯做，定要屎里卧。虽然，山僧说却说得一丈，行尚行不得一尺。山僧固不肯诸子，诸子尤不肯山僧。且作么生？

置禅板云：得饶人处且饶人。

《莲宗十祖略传》[①]

莲宗十祖（际醒）传

祖讳际醒，字彻悟，一字讷堂，又号梦东，俗姓马，京东丰润县人。幼通经史。剃染后，遍历讲席，博贯性相两宗，而于《法华》三观、十乘之旨，尤为心得。参广通粹如纯禅师，明向上事。师资道合，乃印心焉。后粹公迁万寿寺，祖继席广通，策励后学，宗风大振。每谓永明延寿禅师，乃禅门宗匠，尚归心净土，期生安养。况今末代，尤宜遵承。于是不违第一义而主张莲宗。迁觉生寺，及红螺山资福寺。衲子依恋，追而随之。祖为法为人，始终一贯。所至皆秉宗而立净土之帜，不遗余力焉。每当开演两土圣人苦折乐摄之恩，或至泪随声落，而学徒听者亦未尝不涕泗沾襟也。

嘉庆十五年二月，预知时至，别诸外护，嘱曰："幻缘不久，虚生可惜，各宜努力念佛，他年净土好相见也。"临寂半月前，示微疾，命众称佛号。见空中幢幡无数，自西而来，告众曰："净土相现，吾将西归。"至十二月十七日申刻，告众

① 《莲宗十祖略传》一卷，民国十六年七月，江北法藏寺刻经处刻本。

曰："昨已见文殊、观音、势至三大士，今复蒙佛亲垂接引，吾去矣。"众称佛号，一片音声。祖合掌凝眸，面西端坐，曰："称一声洪名，见一分相好。"遂结弥陀印，安详而逝。众闻异香浮空。供奉七日，面貌如生，慈和丰满，发白变黑，莫不感服。荼毗，获舍利百余粒。世寿七十岁。所著有《念佛伽陀》一卷、《语录》二卷，中多警发净土功夫，甚可宝贵。祖既去，钱伊庵传其书，而化及南方，浸淫益远。盖莲池、思齐二公后，一人而已！谨择其语之尤要者，以为吾辈法乳。

祖一日示众云：吾人现前一念之心，全真成妄，全妄即真，终日不变，终日随缘。夫不随佛界之缘而念佛界，便落九界。不念三乘，便落六凡。不念人天，便落恶趣。以凡在有心，不能无念故也。无念心体，惟佛独圆。等觉已还，细念尚有。每起一念，必落十界之中，以十界本来无外也。若此心能空空而不著，平等大悲，与寂光依正相应，才举佛名，便入佛界。而余九可知矣。起一念，即为受生之缘，故常密自检点。

又曰：真为生死，发菩提心，以深信愿，持佛名号。此是念佛纲宗也。夫七佛以来，犹为蚁子。八万劫后，未脱鸽身。长劫羁縻，何时了局，故当痛念生死也。我与众生，一灵同体，丝毫不足，圆满难期，惟深发大心，则冥通佛脉，故当真心念菩提也。如下棋然，盘路通明，子子实落，终局以后，便见输赢。愿如开盘，行如落子，双轮并进，力契佛缘，缘缘相因，成妙净土，故当常念行愿也。合三念以念一佛，十倍之力，千倍之力，不思议之力，全现于四字，即此念佛声，名为狮子吼。

又曰：心能转业，业能牵心。心王发光，众暗自退。前境来报，岂有呆机？步步相生，圆成法界。以无生之念，得无念而生矣。故修行念佛，不问高低。胜心既生，诸缘退听，其机在我，不由别人。故须直进，方名念佛。

又曰：人止一力，而现二端。心力起业，业力引心。心不自强，业将何底？唯一心西土，不二法门，全力依心，业将纯转。如倒墙倒树，重处偏倾。若脚踏两头，则身无一定，故可畏也。真修净土，佛来亦斩，魔来亦斩，盖炯炯孤明，四字而已，复何说乎！即真佛现身，亦空中妙影耳。道场水月，不隔东西，一片清虚。娑婆极乐，人当不二其心矣！

又曰：七地以前，梦中行道。无明未破，等觉犹眠。奉佛为归，在此一念，其自视为何如也。故念佛一门，有四料简。一者，从梦入梦念，不发愿往生者是也。二者，破梦入觉念，发明心地而念佛往生者是也。三者，在觉如梦念，三根念佛众生，专心念佛，各成自家三昧境界，而冥通佛脉者是也。四者，无觉无梦念，乃佛真念，念相不可得。

又曰：泰首座不明石霜意。虽坐脱立亡，未超全量也。净土虽平，幸勿忽过。何以故？步步上天梯，引人长入胜。平路而吃跤，何以全性命？

又曰：生则决定生，去则实不去。上句事境，下句理境，两不偏枯也。

（澄德曰:吾依前贤所表,奉祖（彻悟大师）继九莲（九祖）之后，花香胜妙，必有知音，佳哉遇也！）

（比丘悟开集此《莲宗九祖略传》一卷，真实可考，诚堪明训。兹菩萨戒优婆塞郑澄德，叙彻悟禅师，相承十祖，亦不虚事。因读师《语录》及《念佛伽陀》、《染香集》，仰师解行过人，性相透达，其中阐扬净土，后辈可作准绳，无以加之。伊庵既曰：莲池、思齐二公后一人而已。澄德称师接续莲宗十祖，更当宜矣！用传永远，以志颠末云尔。

同治四年岁次乙丑十一月弥陀诞日，秦邮后学比丘了因谨识。）

《新续高僧传四集》[1]

民国喻谦 撰

清红螺山资福寺沙门释际醒传

释际醒，字彻悟，一字讷堂，别号梦东，姓马氏，丰润县人也。幼通经史。剃染后，遍历讲席，博贯性相，而于法华三观十乘之旨，尤为心得。参广通粹如纯，明向上事。师资道合，乃印心焉。后粹如迁万寿，醒遂继席广通，策励后学。每谓永明延寿，禅门宗匠，尚归心净土，期生安养。况今末代，尤宜遵承。于是专主莲宗。寻迁觉生寺。未几，退居红螺山资福寺。衲子依恋，追随甚众。醒率性真实，为法为人，中心诚恳，始终无厌。平昔示众，一以净土为教。每当讲演辨析两土圣贤苦折乐摄之恩，或至泪随声落，而听者亦未尝不涕泗沾襟也。

尝云：真为生死，发菩提心，以深信愿，持佛名号。此十六字，为念佛法门。世间一切重苦，无过生死。生死不了，难免堕落。一念之差，便入恶趣。三途易入而难出，地狱时长

① 收于《高僧传合集》，上海古籍出版社，1995 年。

而苦重。七佛以来，犹为蚁子。八万劫后，未脱鸽身。畜道时长已极，鬼狱时长尤倍。久经长劫，何了何休，万苦交煎，无归无救。每一言之，衣毛卓竖。故当痛念生死，发大菩提心也。

且示八事：一、真为生死，发菩提心，是学道通途。二、以深信愿，持佛名号，是净土正宗。三、摄心专注而念，是下手方便。四、折伏现行烦恼，是修心要务。五、坚持四重戒法，是入道根本。六、种种苦行，是修道助缘。七、一心不乱，是净行归宿。八、种种灵瑞，是往生证验。此八种事，修净业者，不可不知也。

心能造业，心能转业。心不能转业，即为业缚。业不随心转，即能缚心。心与道合，心与佛合，即能转业。心随常分，任运作受，即为业缚。一切现前境界，一切当来果报，皆唯业所感，唯心所现。唯业所感故，前境来报，皆有一定，以业能缚心也。唯心所现故，前境来报，皆无一定，以心能转业也。若当前境来报一定之时，忽发广大心，修真实行，心与佛合，心与道合，则心能转业，前境来报，定而不定。又若前境来报不定之时，而大心忽退，实行有亏，则业能缚心，即前境来报，不定而定。

盖吾人生死关头，惟二种力：一者心绪多端，重处偏坠，此心力也；二者如人负债，强者先牵，此业力也。业力最大，心力尤大。以业无自性，全依于心，故心重能使业强。今以重心而修净业，故净业强。心重业强，惟西方是趋，则他日报尽命终，定往西方，不生余处矣。何为重心？信深、愿切，一切邪说莫能摇惑，一切境缘莫能引转。如古德时临命终，六欲天童次第接引，皆不去，唯专心待佛，后佛现，乃曰“佛来也”，遂合掌而逝。夫时临命终，四大分张，此何时也？六欲天童，次第接引，此何境也？苟素常信愿不到十分坚固，当此时此境，而能强作主宰乎？如古德可谓修净业之金鉴矣。

或谓一切诸法悉皆如梦，同是一梦，修之何益？不知七地以前，梦中修道。无明大梦，虽等觉犹眠。唯佛一人，始称大觉。当梦眼未开之时，苦乐宛然。但娑婆之梦，从梦入梦，梦之又梦，展转沉迷。极乐之梦，从梦入觉，觉之又觉，渐至于大觉。所以永明云“有禅无净土，十人九磋路；无禅有净土，万修万人去。”此真实语也。学者幸勿忽诸。

嘉庆十五年二月，预知时至。辞诸檀护，曰：幻缘不久，虚生可惜，各宜努力念佛，他年净土相见也。临寂前旬日，示微疾，命众相助号佛。见空中幢幡无数，自西而来。告众曰：净土示相，吾将西归。至期，面西端坐，合掌凝睇，曰：称一声洪名，见一分相好。手结弥陀印，安详而逝。众闻异香浮空。供奉七日，面貌如生。荼毗，获舍利甚多。以嘉庆十五年十二月十七日示寂，世寿七十。拈花寺沙门体宽为之传。所著有《念佛伽陀》一卷、《语录》二卷，中多开示念佛法门。虎林钱伊庵居士得之于其友陈复斋，重刻于浙中，其道遂南。读其书而发其行愿者不少，盖莲池、思齐后一人而已！

《莲宗正范》

陈海量居士 编辑

彻悟大师传

师讳际醒，字彻悟，一字讷堂，又号梦东，京东丰润县人。俗姓马，父讳万璋，母高氏。师幼而颖异，长喜读书，经史群籍，靡弗采览。二十二岁，因大病，悟幻质无常，发出世志。病已，至房山县投三圣庵荣池老宿薙发。越明年，诣岫云寺恒实律师圆具。次年，闻香界寺隆一法师开演《圆觉》，师预会焉。晨夕研诘，精求奥义，遂悟《圆觉》全经大旨。复依增寿寺慧岸法师，听讲相宗，妙得其要。后历心华寺遍空法师座下，听《法华》、《楞严》、《金刚》等经，圆解顿开，于性相二宗，三观、十乘之旨，了无滞碍。

乾隆三十三年冬，参广通粹如纯翁，明向上事。师资道合，乃印心焉。是为临济三十六世，磬山七世也。三十八年，粹翁迁主万寿寺。师继席广通，率众参禅，策励后学，津津不倦，十四年如一日，声驰南北，宗风大振。

每忆永明延寿禅师，乃禅门宗匠，尚归心净土，日课十万弥陀，期生安养；况今末代，尤宜遵承。遂栖心净土，主张莲宗。十余年来，所有积稿，一旦付之丙丁，不存一矣。于是辍参念佛，纯提净土，而禅者愿随者颇多。日限尺香晤客，过此唯礼拜持念而已。

五十七年，迁觉生寺。住持八年，百废尽举。于净业堂外，别立三堂，曰涅槃，曰安养，曰学士，俾老病者有所依托，初学便于诵习。师于禅净宗旨，皆深造其精奥，律己甚严，望人甚切，开导说法，如瓶泻云兴，与众精修，莲风大扇。遐迩仰化，道俗归心。当时法门，为第一人。

嘉庆五年，退居红螺山资福寺，以期终岁。衲子依恋追随者甚众。师为法为人，心终无厌，遂复留众，俄成丛席。担柴运水，泥壁补屋，一饮一餐，与众共之。

师尝示众念佛语云：吾人现前一念之心，全真成妄，全妄即真；终日不变，终日随缘。夫不随佛界之缘而念佛，便念九界；不念三乘，便念六凡；不念人天，便念三途；不念鬼畜，便念地狱。以凡在有心，不能无念。以无念心体，唯佛独证。自等觉已还，皆悉有念。凡起一念，必落十界，更无有念出十界外，以十法界更无外故。每起一念，为一受生之缘。果知此理而不念佛者，未之有也。若此心，能与平等大慈大悲、依正功德，以及万德洪名相应，即念佛法界也；能与菩提心、六度万行相应，即念菩萨法界也；以无我心，与十二因缘相应，即念缘觉法界也；以无我心，观察四谛，即念声闻法界也；或与四禅八定，以及上品十善相应，即念天法界也；若与五戒相应，即念人法界也；若修戒善等法，兼怀嗔慢胜负之心，即落修罗法界；若以缓软心，念下品十恶，即堕畜生法界；或以缓急相半心，与中品十恶相应，便堕饿鬼法界；若以猛炽心，与上品十恶相应，即堕地狱法界也。十恶者，即杀、盗、淫、妄言、绮语、恶口、两舌、贪、嗔、邪见是；反此，则为十善。当密自检点，日用所起之念，与何界相应者多，与何界相应者猛，则他日安身立命之处，不劳更问人矣！

又曰："真为生死，发菩提心；以深信愿，持佛名号"十六字，为念佛法门一大纲宗。若真为生死之心不发，一切开示，皆为戏论。世间一切重苦，无过生死。生死不了，生死死生，生生死死。出一胞胎，入一胞胎；舍一皮袋，取一皮袋，苦已不堪。况轮回未出，难免堕落。猪胞胎、狗胞胎，何所不钻？驴皮袋、马皮袋，何所不取？此个人身，最为难得，最易打失。一念之差，便入恶趣。三途易入而难出，地狱时长而苦重。七佛以来，犹为蚁子；八万劫后，未脱鸽身。畜道时长已极，鬼狱时长尤倍。久经长劫，何了何休？万苦交煎，无归无救。每一言之，衣毛卓竖；时一念及，五内如焚。是故即今痛念生死，如丧考妣，如救头然也。然我有生死，我求出离；而一切众生皆在生死，皆应出离。彼等与我，本同一体，皆是多生父母，未来诸佛。若不念普度，唯求自利，则于理有所亏，心有未安。况大心不发，则外不能感通诸佛，内不能契合本性，上不能圆成佛道，下不能广利群生。无始恩爱，何以解脱？无始怨愆，何以解释？积劫罪业，难以忏除；积劫善根，难以成就。随所修行，多诸障缘。纵有所成，终堕偏小。故须称性发大菩提心也。然大心既发，应修大行。而于一切行门之中，求其最易下手，最易成就，至极稳当，至极圆顿者，则无如以深信愿，持佛名号矣。所谓深信者，释迦如来梵音声相，决无诳语；弥陀世尊大慈悲心，决无虚愿。且以念佛求生之因，必感见佛往生之果。如种瓜得瓜，种豆得豆；响必应声，影必随形；因不虚弃，果无浪得。此可不待问佛而能自信者也。况吾人现在一念心性，全真成妄，全妄即真；终日随缘，终日不变。横遍竖穷，当体无外。弥陀净土，总在其中。以我具佛之心，念我心具之佛，岂我心具之佛，而不应我具佛之心耶？《往生传》载，临终瑞相，斑斑列列，岂欺我哉？如此信已，愿乐自切。以彼土之乐，回观娑婆之苦，厌离自深，如离厕坑，如出牢狱。以娑婆之苦，遥观彼土之乐，欣乐自切，如归故乡，如奔宝所。总之如渴思饮，如饥思食，如病苦之思良药，如婴儿之思慈母，如避怨家之持刀相迫，如堕水火而急求救援。果能如此恳切，一切境缘莫能引转矣。然后以此信愿之心，执持名号。持一声，是一九莲种子；念一句，是一往生正因。直须心心相续，念念无差；唯专唯勤，无杂无间；愈久愈坚，转持转切。久之久之，自成片段，入一心不乱矣。诚然如此，若不往生者，释迦如来便为诳语，弥陀世尊便为虚愿，有是理乎哉？！

又曰：吾人生死关头，唯二种力，一者，心绪多端，重处偏坠，此心力也；二者，如人负债，强者先牵，此业力也。业力最大，心力尤大，以业无自性，全依于心。心能造业，心能转业。故心力唯重，业力唯强，乃能牵生。若以重心而修净业，净业则强。心重业强，唯西方是趣，则他日报终命尽，定往西方，不生余处矣。如大树大墙，寻常向西而歪。他日若倒，决不向余处也。何谓重心？我辈修习净业，信贵于深，愿贵于切，以信深愿切故，一切邪说莫能摇惑，一切境缘莫能引转。若正修净业时，倘达摩大师忽现在前，乃曰：吾有直指人心见性成佛之禅，汝但舍置念佛，吾即以此禅授汝。但当向祖师作礼，谓我先已受释迦如来念佛法门，发愿受持，终身不易。祖师虽有深妙禅道，吾则不敢自违本誓也。纵或释迦如来忽尔现身，谓曰：吾先说念佛法门，特一时方便耳。今更有殊胜法门，超于彼者，汝当且置念佛，吾即为说胜法。亦只可向佛稽首陈白：我先禀受世尊净业法门，发愿一息尚存，决不更张；如来虽有胜法，吾则不敢自违本愿也。虽佛祖现身，尚不改其所信，况魔王外道，虚妄邪说，岂足以摇惑之耶？能如是信，其信可谓深矣！若赤热铁轮，旋转顶上，不以此苦，退失往生之愿；若轮王胜妙五欲现前，亦不以此乐，退失往生之愿。此逆顺至极，尚不改所愿，况世间小小逆顺境界，岂能引转哉？能如是愿，其愿可谓切矣！信深、愿切，是谓重心；而修净业，净业必强。心重故，则易纯；业强故，则易熟。极乐净业若熟，娑婆染缘便尽。果得染缘已尽，则临终时，虽欲轮回境界再现在前，亦不可得；果得净业已熟，则临终时，虽欲弥陀净土不现在前，亦不可得。然此信愿，要在操之有素，临时自不入于歧路。如古德临欲命终，六欲天童，次第接引，皆不去，唯专心待佛。后佛现，乃曰：佛来也！遂合掌而逝。夫临欲命终，四大分张，此何时也？六欲天童，次第接引，此何境也？苟素常信愿不到十分坚固，当此时、对此境，而能强作主宰乎？如古德，真可谓千古修净业者之标榜矣！问：诸方皆有净土，何专赞西方，求愿往生耶？答：此非人师意也，乃金口诚言，分明指示故；大乘显密诸经，同指归故；令初心人专注一境，三昧易成故；四十八愿为缘，缘强故；十念为因，因胜故；佛与众生，偏有缘故。此土众生，无论僧俗、男女、老幼、善恶之人，当其处极顺逆苦乐境缘之时，多必由衷而发，冲口而出，念佛一声。然不念佛则已，凡念佛必念阿弥陀佛，此谁使之然？盖众生久蒙佛化，久受佛恩，与佛缘深故也。且此《弥陀》一经，罗什最初译成，东林远祖，即与一百二十三人，结社念佛。其一百二十三人，以次渐化，临终皆留瑞应。虽鹦鹉八哥念佛，化时皆有瑞相。此非众生与佛缘深，谓之何哉！又《无量寿经》云：当来经道灭尽，我以愿力，特留此经，更住百年，广度含识。夫不留他经，而独留此经者，岂非以此法门，下手易而摄机普，入道稳而获益速耶？以是而知，其时愈后，此法愈当机矣。一句佛号，不杂异缘，十念功成，顿超多劫。于此不信，真同木石；舍此别修，非狂即痴，复何言哉！

又曰：知小而不知大、见近而不见远者，此众生之常分也。如阿弥陀佛，于诸众生有大恩德，众生不知也。佛于无量劫前，对世自在王佛，普为恶世界苦众生，发四十八种大愿。依愿久经长劫，修菩萨行。舍金轮王位、国城妻子、头目脑髓，不知其几千万亿。此但万行中，内外财布施一行也。如是忍人所不能忍，行人所不能行，圆修万行，力极功纯，严成净土，自致成佛。分身无量，接引众生，方便摄化，令生彼国。然则如为一人，众多亦然；如为众多，一人亦然。若以众多视之，佛则普为一切众生也。若以一人视之，佛则专为我一人也。称性大愿为我发也，长劫大行为我修也，四土为我严净也，三身为我圆满也。以至头头现身接引，处处显示瑞应，总皆为我也。我造业时，佛则警觉我；我受苦时，佛则拔济我；我皈命时，佛则摄受我；我修行时，佛则加被我。佛之所以种种为我者，不过欲我念佛也，欲我往生也，欲我永脱众苦、广受法乐也，欲我展转化度一切众生，直至一生补佛而后已也。噫！佛之深恩重德，非父母所可比，虽天地不足喻其高厚矣！非闻开示，安知此意？不读佛经，安晓此理？今而后已知之矣，唯有竭力精修，尽报归诚，拌命念佛而已，复何言哉！

师居红螺十年，至嘉庆十五年二月，诣万寿寺，扫粹祖塔，辞诸山外护，嘱曰：幻缘不久，人世非常，虚生可惜，各宜努力念佛，他年净土好相见也。三月还山，命预办荼毗事物。十月十七日，集众付院务，命弟子松泉领众住持。诫曰：念佛法门，三根普被，无机不收。吾数年来，与众苦心建此道场，本为接待方来，同修净业。凡吾所立规模，永宜遵守，不得改弦易辙，庶不负老僧与众一片苦心也。临示寂半月前，觉身微疾，命大众助称佛号。见虚空中幢幡无数，自西而来，乃告众曰：净土相现，吾将西归矣。众以住世相劝，师曰：百年如寄，终有所归。吾得臻圣境，汝等当为师幸，何苦留耶？十二月十六日，命监院师贯一，设涅槃斋。十七日申刻，告众曰：吾昨已见文殊、观音、势至三大士，今复蒙佛亲垂接引，吾今去矣。众称佛号愈厉。师面西端坐合掌，曰：称一声洪名，见一分相好。遂手结弥陀印，安详而逝。众闻异香浮空。供奉七日，面貌如生，慈和丰满，发白变黑，光润异常。二七入龛，三七荼毗，获舍利百余粒。门弟子遵遗命，请灵骨葬于普同塔内。

师生于乾隆六年十月十四日未时，示寂于嘉庆十五年十二月十七日申时。世寿七十，僧腊四十九，法腊四十有三。有《彻悟禅师语录》一册、《示禅教律念佛伽陀》行于世。

赞曰：师以宗说兼通，而栖心净域，自行化他，殆永明之俦欤？师有语录，所论净宗法要，事理分明，殊胜希有。其中“真为生死，发菩提心；以深信愿，持佛名号”十六字纲宗，要中之要，宜我印祖以之为家法也。又其劝信之文，至谓佛法大海，信为能入；净土一门，信尤为要。以持名念佛，乃诸佛甚深行处；唯除一生所系菩萨，可知少分。自余一切贤圣，但当遵信而已，非其智分之所能知，况下劣凡夫乎？更作十信标语：一、信生必有死，二、信人命无常，三、信轮回路险，四、信苦趣时长，五、信佛语不虚，六、信实有净土，七、信愿生即生，八、信生即不退，九、信一生成佛，十、信法本唯心。然则世之于念佛往生发生异见诤论者，可以知所反矣！

《一行居集》[1]

（清）彭绍升 著

复彻悟和尚

通州书来，寄到和尚手示，及拙著诸跋，决择详审，奖劝有加，不啻醍醐之入焦肠矣！中间针扎语，多中要害。间有未尽鄙怀处，更须往复，以求一是之归。伏惟垂察。

《华严念佛三昧论》初门云："不入此门，所念之佛都成妄想"。来示谓："颛蒙合道，即不入此门，亦不成妄想"，护教之心极切。今改为"所念之佛，终非究竟"，似更稳惬。

又示："第三门念佛名字，不应居二佛之前，以胜方便之名，唯念弥陀得受，余佛不尔。"窃观《文殊般若经》所论持名，并不专指西方，如云"念一佛功德，与念十方诸佛无二。"小本《阿弥陀经》亦云："闻诸佛名者，皆得不退转于阿耨多罗三藐三菩提。"是则持名一法，该报化以彻法身。虽不定指西方，总可为最胜方便，况西方已在其中耶！

至谓"第四门念毗卢遮那，无劝修之旨，似属虚设。"

① 《一行居集》，江苏广陵古籍刻印社出版，1990 年。

窃意题以“华严念佛三昧”为名，凡所引经文有关念佛者，总以毗卢为主，十方诸佛为伴。劝修之旨，即在其中。若不立此门，则全经无所消释。即如普贤十大愿王导归极乐，而随学一门，仍标会主，以概十方。是则求生西方者，不可不念毗卢，以顺本师之教方能亲觐阿弥陀故。至第五门念阿弥陀佛，先以《普贤赞佛偈》融会东西，仍随顺愿王，指归极乐，圆满菩提，归无所得。全经之旨，汇于此矣！

至谓《文殊》、《贤护》等经不宜加“圆顿”字，恐与净土三经有碍。夫净土三经，虽兼通圆顿，然未究尽圆顿之理。若顿教一念不生，即名为佛，《文殊》、《贤护》两经尽之矣！圆教一真法界，主伴交融，《不思议境界经》尽之矣！此则无同异中，不妨略加分别者也。《楞严》如子忆母之喻，原为初机劝发信心。教家判为同居所摄，与《贤护经》镜像之喻，一则有想，一则无生，随文抑扬，释经通例。至净念相继，入三摩地，则亦以无生为究竟矣！尚安得有自他能所耶？

如上葛藤，不直明眼人一笑。然感和尚深心相为，不敢不尽其诚。如有不合，更求剖示。不胜祷切。

附录三　高僧大德论彻悟大师

印光法师法语摘抄

清十二祖红螺资福际醒大师（即彻悟大师）赞

遍通经史，冀为世导，一病方知不可靠。研穷各宗奥，均难证到，专主净土教。

示众法语利益多，念佛伽陀悉包罗。
全真成妄只此心，全妄成真亦非他。
不变随缘宜随净，随缘不变莫随讹。
人若依此义修持，光寿当同阿弥陀。

（《印光法师文钞续编·莲宗十二祖赞颂》）

彻悟禅师像赞（民国二十三年）

儒门之俊杰，佛家之魁雄，
禅窟之巨狮，教海之神龙。
研习慈贤而宏台教，住持禅刹而扇莲风。

只期契机契理，不计门庭异同。

发明作佛是佛之义，揭破执理废事之蒙。

当此邪说横流之恶世，微公则何所适从。

（《印光法师文钞续编》）

彻悟禅师《念佛伽陀·教义百偈》小序

彻悟禅师深通教义，彻悟宗乘。晚年归心净土，自行化他，一以信愿念佛、求生西方为主。其所发挥，实为近代所罕见。今录其《教义百偈》，以为修净业者作一善导。（《印光法师文钞三编》）

● 梦东所谓“善谈心性者，必不弃离于因果；深信因果者，终必大明乎心性，此理势所必然也。”梦东此语，乃千古不刊之至论，亦徒逞狂慧者之顶门针也。（《增广印光法师文钞·复邓伯诚居士书一》）

● 梦东云:“真为生死，发菩提心，以深信愿，持佛名号，此十六字为念佛法门一大纲宗。”欲修三昧，何不于此等语句中全身靠倒？不以圣言为量，而以我之罪业凡夫为准，岂不颠倒之甚乎。(《增广印光法师文钞·复永嘉某居士书五》)

●《梦东语录》，乃钱伊庵居士，于《梦东遗集》中，摘其专示净土言句，于南方流通，以补久仰无缘会晤之憾。全集北京则有，南方唯伊庵略本。此书词理精妙，为蕅益、省庵后之第一著作。若于此书能一踏到底，谛信无疑，光敢保阁下莲蕊敷荣于珍池，临终即托质其中，而为净土之嘉宾矣！（《增广印光法师文钞·复郦隐叟书》）

● 梦东云：“真为生死，发菩提心，以深信愿，持佛名号，此十六字为念佛法门一大纲宗。”此一段开示，精切之极，当熟读之。而《梦东语录》，通皆词理周到，的为净宗指南。再进而求之，则蕅益老人《弥陀要解》，实为千古绝无而仅有之良导。倘能于此二书，死心依从，则即无暇研究一切经论，但常阅《净土三经》，及《十要》等，仰信佛祖诚言，的生真信、发切愿，以至诚恭敬持佛名号，虽在暗室屋漏，如对佛天，克己复礼，慎独存诚，不效近世通人，了无拘束，肆无忌惮之派。光虽生死凡夫，敢为阁下保任，即生便可俯谢娑婆，高预海会，亲为弥陀弟子，大士良朋矣！（《增广印光法师文钞·复尤弘如居士书》）

● 故梦东云：“善谈心性者，必不弃离于因果；而深信因果者，终必大明夫心性，此理势所必然也。”须知从凡夫地乃至圆证佛果，悉不出因果之外。有不信因果者，皆自弃其善因善果，而常造恶因，常受恶果，经尘点劫，轮转恶道，末由出离之流也。哀哉！圣贤千言万语，无非欲人反省克念，俾吾心本具之明德，不致埋没，亲得受用耳。但人由不知因果，每

每肆意纵情。纵毕生读之，亦只学其词章，不以希圣希贤为事，因兹当面错过。（《增广印光法师文钞·袁了凡四训铸板流通序》）

● 由是元明以来，凡宗家知识，多皆提倡念佛，如中峰本、楚石琦等。莲池悟后，主张净土。彻悟悟后，废参念佛。以观时之机，不得不然。如夏葛而冬裘，渴饮而饥食，不可死守一法。相宜而行，则有大利而无少弊矣。（《印光法师文钞续编·致广慧和尚书》）

● 阁下宿根深厚，故能于彻悟老人语中，生大警省，所谓时节因缘，适逢其会，殆非偶然。以敬彻悟故，遂过誉于光，令人惭惶无喻。……光常曰，因果者，世出世间圣人，平治天下，度脱众生之大权也。今之国乱民困，后之景况，不堪设想者，皆由当权者不知因果所致。为今之计，除倡明因果，虽圣人亦末如之何，况吾侪无知无识者乎。故以前人之法言，为斯世前途之向导，虽不能人皆依从，亦断不至人皆不依从也。唯此可以为国计民生之阴相。此惜阴与光之汲汲求援于诸君子，祈赞襄以底于有实效也。阁下藻鉴高悬，不惜齿芬，为之劝发，当承此功德，往生上品，承侍弥陀慈父，偕观音、势至，同入娑婆，随类现身，以度脱一切也。光此言并非虚语。阁下但能将彻悟十六字（真为生死，发菩提心，以深信愿，持佛名号。）抱定，则千稳万当矣！（《印光法师文钞续编·与魏梅

苏居士书十六其二》）

● 故念佛者，断不可存福报之心，当以猛利直前，往生西方，为了脱生死之妙法。故彻悟禅师云：“真为生死，发菩提心，以深信愿，持佛名号，十六字，为念佛法门一大纲宗。”又云：“一句弥陀，我佛心要，竖彻五时，横赅八教。”甚哉！一句弥陀，微妙难思，惟佛与佛，知其究竟。等觉以还，尚有未尽，所谓菩萨少分知。若我辈凡夫，尤当信而行之。（《印光法师文钞三编·净土法门说要》）

● 适接来书，不胜惭惶。印光以随行粥饭僧，迫不得已，搬出许多残羹馊饭以塞责。其气味酸臭，形质腐败，渎人法眼。而蔚如喜其有益饿者，为之传布。阁下纵亦欲引饿者饱餐王膳，先以此种接其气息，则已甚属垂青过盼。何得以省庵之后，推为第一。使光能为省庵提鞋，当不至搬弄出此种过活，况曰文章夺过乎哉。拟人必于其伦，阁下爱光虽深，其如自己失言何。须知省庵之后，有大高人，其过与否，不敢以凡情妄断，当在比肩齐驱之列，绝无稍逊其学问、见地、操持、德业者，彻悟禅师也。莲宗十祖，毫无惭德。光尚不敢谓为后裔，况曰同列乎哉！（《印光法师文钞三编·复丁福保居士书一》）

● 净土法门，以信愿行三法为宗。必须要真为了生脱死，以发上求佛道、下化众生之大菩提心。以深信切愿，念佛求生西方极乐世界。故彻悟禅师云：“真为生死，发菩提心，以深

信愿，持佛名号，此十六字，为念佛法门一大纲宗。”此乃最简便之要诀。（《印光法师文钞三编·复朱智贞居士书二》）

● 十二祖，即世称莲宗九祖，于八祖莲池大师下，加蕅益为九祖，截流为十祖，以思齐贤九祖为十一祖，下又添彻悟禅师为十二祖。（《印光法师文钞三编·与张觉明女居士书十》）

● 昔彻悟禅师以教义、宗乘，作念佛伽陀各百首，词理圆妙，豁人心目。(《印光法师文钞三编·阿弥陀佛百颂小序》)

● 答念佛居士问（即周孟由）

彻悟大师复香严居士书：“直须深信谛了，心外无佛，佛外无心。全心即佛，全佛即心。一念现前，即一念相应，念念现前，即念念相应。但使此念常现在前，便是真实效验。离此念外，别求效验，便是间断，便不亲切，便入歧途矣！经云：‘是心作佛，是心是佛’，正此之谓也”一大段，虽信为修净之肯綮，而反复玩索，其理莫易贯通，今谨胪列疑难，仰乞详赐剖释，藉兹增植净因，诚为大幸。

（一）心外无佛，佛外无心，全心即佛，全佛即心。如何谓之心？如何谓之佛？向只依稀解说，以现前起念为心，不识当否？

答：现前念佛之心，即是心。现前所念之佛，即是自心所作之佛。故曰“是心作佛，是心是佛。”

（二）此四句，与《心经》“色不异空，空不异色，色即是空，空即是色”，意义相似否？

答：《心经》之“色、空”，比《观经》之“作、是”较阔大。《观经》“作、是”，比《心经》之“不异、即是”，更亲切。

（三）既云“心外无佛，佛外无心”，复云“全心即佛，全佛即心”，是何旨趣？

答：下二句，重释上二句之义。

（四）“一念现前”，及“念念现前”之“念”字，与心佛之心字，意义相同否？

答：心与念，只是一个。不过约常存者，名之为心；约现起者，名之为念耳。

（五）“心外无佛，佛外无心”四句，是否指性德？“一念现前，一念相应”四句，是否指修德？

答：二俱是修德。以“心外无佛，佛外无心”，是功夫所致故也。

（六）“一念现前，即一念相应”四句，初机即能是、久修即能是？

答：初机有初机之相应，久修有久修之相应，何可死执。

（七）“深信谛了”，以圆融说，未到谛了，不名深信，若称深信，便具谛了。以次第说，深信易而谛了难。未谛了，不妨深信。此书所谓深信谛了，是圆融说、或次第说？

答：此不须如此分别，以不知彼是何根机故。

（八）上云“直须深信谛了”，下云“但使此念常现在前，便是真实效验”，似谓深信谛了后，始有真实效验。

答：此是信与悟。

（九）于是“但使此念常现在前”。

答：此是实行。

（十）然未具深信，或未得谛了，即使此念常现在前，自不有真实之效验乎？如此，则深信谛了者，不多见，而真实效验者，亦不多见矣。

答：未能信了，得常如此现前者，亦不多。然老实头念到极处，亦可到此地步。

（《印光法师文钞三编》）

《念佛伽陀》弁言 ①

湛山沙门倓虚

如来说法有三：一、方便说，二、譬喻说，三、因缘说。方便说者又二：

（一）观机方便。为上根利智，机缘成熟，观机逗教者是。如法华会上说不可说法，俾舍利弗开悟。又如拈花示旨，不说之说法，俾迦叶续佛正法眼藏，为西天初祖。其下如东土二祖请安心，初祖达磨云：将心来，与汝安。二祖云：觅心了不可得。初祖云：与汝安心竟。言下大悟。又如临济参大愚，愚云：若认当下便是，思索不得。亦言下大悟。诸如此类者，皆是观机之方便说法也，并无固定之语言文字，是因机乘隙，迎锋而入，破其无明，故称不立文字，直指本心，识得本心，立地成佛，岂是完全推倒文字？

而有一般参禅者，多指定讲经言教为文字障，不能识心成佛。执定参禅为不立文字，方得识心成佛。若果不立文字，如何又讲开示？所集语录，汗牛充栋。又初祖以《楞伽经》为二

① 原载于《佛学月刊》（北平佛学书局赠书会出版）第二卷第五期。

祖印心，作为参禅之证。竟不知开口说不立文字时，已早堕言说文字矣！而记若干佛经语录中之了义极谈，作为传佛心印，逢人便斗机锋；或坐禅久之，阴境现前，以为证得；皆是宗门之通病，岂只文字障耶？应知参禅者，要言外思义；讲教者，要教外明宗，而语言文字何妨？

然观机之方便说法者，若非宗匠作家，及教眼圆明者，焉能啐啄同时，师资道合？嗟乎！而今以观机之方便说法授受者，廖廖久矣。

（二）异方便，与此观机方便不同，有固定之方法，乃方便中之方便。虽妇人孺子，皆可授受。纵等觉菩萨，亦奉之为圭臬。任十方诸佛，亦放广长舌，齐声赞叹。即万德洪名，阿弥陀佛圣号是也。

以因缘解之。阿弥陀佛，于因地为法藏比丘，愿力宏深，愍众生沉沦之苦，于娑婆不易修行，故发大愿，施异方便，若有众生持我成佛之名号，临命终时，我必接引，往生极乐世界，离苦得乐，永不退转，至成佛而后已。此金口所宣，当无疑议。按凡夫有愿必偿，佛之宏愿，其信可知。

复约教解之。阿弥陀佛，译言无量寿觉。阿者，大而无外之义；弥者，量彻十方之义；陀者，寿量无边之义；佛者，觉行圆满之义。即吾人之觉性，永世常在，历劫不磨。量等十虚，超伦绝待。超伦绝待者体大，即法身德。量等十虚者相大，即般若德。历劫不磨者用大，即解脱德。此三德秘藏，由三障转成，故佛于因地，以万德庄严之妙色，招此万德洪名。以此万德洪名，作众生心中万德妙法，能摄六根，转秽成净，破除三障，惑业苦空。故吾人念一声阿弥陀佛，则无始劫来业识种子，皆为撼动。何以故？乃对治之故耳。

佛法本无佛法，唯以六尘为佛法。六尘者，色、声、香、味、触、法也。于佛用之，皆成妙法，以不执故。众生用之，皆成染法，以执著故。故佛以已成就之声尘妙法，对治众生已成就之六尘染法，未有无效者也。何以故？以心转为笃信佛号之所熏故。即以世法考之，如精诚所至者、精神统一者、制心一处者、聚精会神者，种种感应成效，举不胜举。况佛法中，有诸佛菩萨加被者乎？而念佛之效果，岂业识凡夫之妄想思量，可拟议者哉！

复以本迹解之。阿弥陀佛，因中为法藏比丘，乃至成佛，于今有十大劫之久，皆是释迦如来所说示迹之事。若论本源来由，非众生知见所能知能信，唯佛与佛，乃能究竟了知也。

复以观心解之。说因缘、约教义、追本迹，无非导人观心。云何为心？以三界为心，以万法为心。一心一切心，心外无非心，无非心对心，而心之名字亦不可得，况三界万法之名相乎？即法法，即非法法。于是乃知众生之心，即诸佛之心，即诸佛之本源。以如是之觉悟，而众生安知？纵闻之而亦不信。故曰不能彻知诸佛之本。唯佛与佛，乃能知之。

阿弥陀佛之名号，亦属声尘（出声念者）、法尘（默而念者），岂出三界万法之外，不亦唯心乎？故《净土偈》云：“一声佛号一声心（口念、耳闻、心思，即是观心之法），山自高兮水自深（念佛时，虽心不著三界万法，而山河仍是山河），不落宫商闲曲调（脱离名言习气），钟期未必是知音（谓钟期仅能知世间凡夫之音，不能知出世成佛之音也。以世间之技能，只可求显于世间，而念佛则不然）。”再考二十五种三昧之成就，毫无异法，唯以六根、六尘、六识、七大之二十五法，任举一法，作平等任持，观为是心是佛而已。故译此三昧，名等持。如是法法观成，皆是自心自佛，充满法界。既充满法界，欲偏不得谓之正，欲动不得谓之定，故又译之名正定。如是妙心，享受十方无挂无碍之清净依正，不似三界人天，享受偏小之依正二报，故又译之名正受。天台教观空假中者，亦是观此根、尘、识、大二十五法，以对治之。执之为有者，与之详说诸法生起缘因，皆无自体，归了无所得为真谛。再破其著有之固执习惯，教修空观。以诸法当体即空为止，故曰体真止。又为对治误会于偏空真谛者，仍详示诸法生起因缘，虽无自体，名相不泯，有世俗理谛所在，皆是假借而有，虽有不可为真，故教修假观。若身若心，无非假借而有，况其他诸法乎？故教化众生，虽历三界二十五有之境，皆可方便随缘止也（即随遇而安也）。又为执空有二边，迷于分别者，仍详论诸法生起因缘，非有非空，皆不可心思口议。何以故？空借有而立名，乃缘生无性。有假空而成相，是无性缘生。空在有中，有在空中；空中有假，假中有空。空有即非空有，是名空有。故曰不可思议，强名之曰中谛理。以此不可思议之中谛理，缘起不可思议之心；以此不可思议之心，观诸不可思议之境，是修中观，故息二边分别止。此皆不得已而言之。说此诸法生起因缘，为信根浅者。若信根较深者，为说诸佛示迹因缘，即能起信解修证之心，何须此乱葛藤为？所谓因缘说，亦分为二者是也。

又所谓譬喻说者，亦分为二：一譬喻说，二例喻说。譬喻说者，举其易知之不同者以晓之。例喻说者，举其易知之同类者以晓之。见于诸经，兹不暇举。

此是佛三种说法，唯以方便说，为对最上机。今净土法门，为方便中之方便，故曰异方便。三根普被，九界同收，乃诸佛之最上大法，为正法轮。而一般学教者，多有记若干经论之名相，妄作分别，当不明佛不得已说诸法缘起，及究竟用途，原为下根观心以了生死者，反以是所记之名相，妄逞伎俩，竟敢毁谤念佛之正法。可惜学佛一场，未了生死，徒造无间罪业，以瞎人天眼目，自害害人，如来称为可怜悯者。

余偶阅彻悟大师所撰《念佛伽陀》，深有所感。足见大师宗教圆明，承佛心印，悲智双运，作念佛颂，为宗教两家，各颂百首，以警后学。护正法轮，作人天眼。倓虚不揣鄙陋无文，竟以俚言解之，为念佛者劝，莫信伪佛学，发心念弥陀，决定了生死，圆证三不退。故不惜唇焦舌敝，逢人便劝念佛，以略尽区区愚诚耳！

（仁道谨案：《念佛伽陀》，世无注解。今春湛山大师特地拈出，与人天结缘，作宗教眼目，分明指示西方路，可使教龙、宗虎，同归极乐。不落见网，不堕境堑。是诚苦苦世界之慈亲，冥冥长夜之宝炬。余夏居湛山寺，听大师讲《佛顶经》，因先见此弁言，欢喜合掌，请即付梓。大师许之，乃持归京都，由中国佛教学院《佛学月刊》印出。）

夏莲居居士法语摘抄

题《净土诗钞》[1]

爱读五家净土诗，中峰楚石到莲池，
灵峰西去省庵寂，百偈彻公亦总持。

① 载于《莲公大士净语》，上海佛学书局，1994 年。

李炳南居士法语摘抄

问：敬请老师介绍历来高僧大德之著，以便日后能购阅。（生现仅看蕅益、憨山、紫柏、莲池大师全集，觉甚好，因欲多看些。）（周宝月）

答：高僧大德之著，何可胜数。三藏灵文，除经律白文以外，一切论注疏解，皆其所著。学者如求深造，不能舍经而求集。读经参注，两美俱收矣。如必看专集，禅则《五灯会元》、《指月录》、《坛经》等，净则《彻悟禅师语录》、《印光法师文钞》等，教则《谛闲法师全集》、《太虚法师全集》等，皆大观也。（《李炳南居士文集·佛学问答类编·通问第一之二》）

黄念祖居士法语摘抄

● 元晓师等以发菩提心为正因，念佛为助因。我国善导、灵芝与日净宗诸家则以持名为正行，发心为助行。两者相左。莲池大师《疏钞》中和会之曰：“还以持名为正行，复以持名为发菩提心，则双取两家而和会其义也。”今崇“发菩提心，一向专念”为本经之宗，正是双取两家，复又摄归名号，正与莲池大师之意相契。且此八字，展之则为彻悟禅师之教曰：“真为生死，发菩提心，以深信愿，持佛名号。”约之则为蕅益大师所倡之“信愿持名”，《弥陀要解》以信愿持名为宗。（《佛说大乘无量寿庄严清净平等觉经解》）

● 先师会集本经，采入唐宋两译的经文，正是同善导大师心心相印。《唐译》文为：“若当生者皆悉究竟无上菩提，到涅槃处。何以故？若邪定聚及不定聚，不能了知建立彼因故。”其中关键的话——“若邪定聚，及不定聚，不能了知建立彼因故。”这是反证法。如果他是邪定聚或不定聚的人，就不能够建立这个当生的因。当生的因是什么？就是“真为生死，发菩提心，以深信愿，持佛名号”，这是彻悟大师的话。要解决大家的生死问题，不要在六道中头出头没，枉受轮回。你本来就是佛，你现在是做梦，做了个恶梦，你十分恐怖，没叫醒你之前，就跟真的一样，所以要把大家叫醒。自己也要醒，自己还在梦中，我能知道把别人叫醒吗？出了梦，便知要自觉觉他，要真为生死，发菩提心，深信切愿，持佛名号。你真是这样的情形，那邪定聚和不定聚不能建立彼因那。有邪见的人，会“真为生死，发菩提心，深信切愿，持佛名号”？那不可能。所以说“不能建立彼因”(彼因就是上面所说真实发心，信愿持名的胜因)。不但邪定聚不能建立彼因，不定聚也不能建立彼因。今天发心，明天退心，进进退退，升升降降，经不起考验。“鱼子庵罗华，菩萨初发心，三事因中多”。鱼下籽很多，成鱼的极少。庵罗华是印度一种华，开花很多，结果很少。菩萨初发心，发心的很多，成佛的很少，他退了。所以你真为生死，发菩提心，这个动力就不一样了。并且由愿起行，深信切愿，持佛名号，这个行就保障了愿。这样修行，阿弥陀佛就派二十五位菩萨随时保护行人，避免了一切魔的干扰。真正发心念佛就得到佛的加持，决定往生极乐，决定成佛。这就是入正定聚，所以也就不退转于阿耨多罗三藐三菩提。不定聚的人没有恒心，也就是没有真实发心，所以不能建立决定成佛的妙因。（《大乘无量寿经白话解》）

附录四　彻悟大师年谱

于德隆 编撰

乾隆六年辛酉（公元1741），一岁。

是年十月十四日未时，彻悟师出生于京东丰润县（今河北省唐山市丰润县）。俗姓马，父讳万璋，母高氏。

乾隆七年壬戌（公元1742），二岁。

乾隆八年癸亥（公元1743），三岁。

乾隆九年甲子（公元1744），四岁。

乾隆十年乙丑（公元1745），五岁。

乾隆十一年丙寅（公元1746），六岁。

乾隆十二年丁卯（公元1747），七岁。

乾隆十三年戊辰（公元1748），八岁。

乾隆十四年己巳（公元1749），九岁。

乾隆十五年庚午（公元1750），十岁。

乾隆十六年辛未（公元1751），十一岁。

乾隆十七年壬申（公元1752），十二岁。

乾隆十八年癸酉（公元1753），十三岁。

乾隆十九年甲戌（公元1754），十四岁。

乾隆二十年乙亥（公元1755），十五岁。

乾隆二十一年丙子（公元1756），十六岁。

乾隆二十二年丁丑（公元1757），十七岁。

乾隆二十三年戊寅（公元1758），十八岁。

乾隆二十四年己卯（公元1759），十九岁。

乾隆二十五年庚辰（公元1760），二十岁。

乾隆二十六年辛巳（公元1761），二十一岁。

乾隆二十七年壬午（公元1762），二十二岁。

师幼而颖异，长喜读书，经史群籍，靡弗采览。是年大病，因而感悟幻质非坚，世事无常，由此而立定出世志。待病痊愈，遂即往投房山县（今北京市房山区）三圣庵荣池老和尚披剃出家。

乾隆二十八年癸未（公元1763），二十三岁。

往诣岫云寺（即北京潭柘寺）恒实律师处受具足戒，岫云寺静观老和尚为羯磨阿阇黎。圆具后，彻悟师曾执侍静观老和尚，并从其学习《大方便报恩经》。一次，随老和尚在南塔院拔草时，老和尚指彻悟师，对其诸同戒师兄弟说："此子他日出世，当先于汝曹。"①

乾隆二十九年甲申（公元1764），二十四岁。

① 见《梦东禅师遗集卷下·挽羯磨阿阇黎岫云静观老和尚》。

时逢隆一法师于香界寺（位于北京市石景山区）宣讲《圆觉经》，彻悟师前去参学，晨夕研诘，精求奥义，遂悟《圆觉》全经大旨。

复依增寿寺（位于北京市西城区）慧岸法师，听讲法相宗，妙得其要。

其后，彻悟师就心华寺（即小龙华寺，位于北京市西城区）遍空法师座下，听讲《法华经》、《金刚经》、《楞严经》等大乘经典，由是深入经藏，顿开圆解，从而对于法性宗、法相宗以及天台三观、十乘之妙义，全然通达。

乾隆三十年乙酉（公元1765），二十五岁。

乾隆三十一年丙戌（公元1766），二十六岁。

乾隆三十二年丁亥（公元1767），二十七岁。

乾隆三十三年戊子（公元1768），二十八岁。

是年冬，参访京都广通寺（原名法王寺，位于北京市海淀区）粹如纯大德，因明心见性，师徒心心相印，于是得禅师传予法嗣，成为禅门临济正宗第三十六世，磬山第七世。

（谨案：查《五灯严统》(《卍新纂续藏经》第80册，No.1567)、《正源略集》(《卍新纂续藏经》第85册，No. 1586）等禅宗灯谱，这里“磬山”指磬山圆修禅师（即天隐圆修禅师）。彻悟大师的具体法系如下：(南岳怀让大师下三十三世）天隐修禅师→（南岳下三十四世）理安箬庵问禅师→（南岳下三十五世）理安天笠珍禅师→（南岳下三十六世）理安梦庵格禅师→（南岳下三十七世）万寿调梅鼎禅师→（南岳下三十八世）万寿粹如纯禅师→（南岳下三十九世）觉生彻悟醒禅师。这与《遗集·行略》中谓彻悟师为“临济三十六世，磬山七世”相一致。由于临济禅师为南岳下第四世，故彻悟师的确切法系为：六祖慧能大师下四十世，南岳下三十九世，临济第三十六世，磬山第七世。由此可知，彻悟大师确为禅门一代宗匠。）

乾隆三十四年己丑（公元1769），二十九岁。

乾隆三十五年庚寅（公元1770），三十岁。

乾隆三十六年辛卯（公元1771），三十一岁。

乾隆三十七年壬辰（公元1772），三十二岁。

是年，大师参加满文《大藏经》的编译工作。为了编译满文《大藏经》，乾隆下旨特设“清字经馆”，由三世章嘉国师(1717—1786年)主持。编译人员中，包括汉族僧人六位，即总校僧二人：掌僧录司僧通理、实宁；讲经僧四人：觉生寺住持僧际醒、旃檀寺住持僧真学、崇效寺住持僧福安、拈花寺住持僧祖毓，主要负责汉文经典方面的工作。满文《大藏经》编译完成于乾隆五十五年(1790年)，共编译佛教经典699种，计2534卷，是清代的一项巨大传世文化工程。[1]当时燕京名僧不少，佛学理论水平较高才有可能入选编译满文《大藏经》。

---

① 参见罗文华《满文〈大藏经〉编纂考略》,《中国历史文物》2005 年第 3 期。

乾隆三十八年癸巳（公元1773），三十三岁。

因粹如纯禅师迁往万寿寺（位于北京市海淀区），大师于是接继其职，住持广通寺，率众参禅，策励后学，津津不倦，十四年如一日，声驰南北，宗风大振。

乾隆三十九年甲午（公元1774），三十四岁。

乾隆四十年乙未（公元1775），三十五岁。

乾隆四十一年丙申（公元1776），三十六岁。

乾隆四十二年丁酉（公元1777），三十七岁。

有《三周哭师三首》之作，悼念先师粹如纯禅师。

乾隆四十三年戊戌（公元1778），三十八岁。

乾隆四十四年己亥（公元1779），三十九岁。

乾隆四十五年庚子（公元1780），四十岁。

有《病中示众二首》：

轮回偶忆骨毛寒，四十年光一指弹，
禅病通身医不得，只应高卧且加餐。（一）
适从邻院参新座，又共刘郎结净因，
竟日劳劳忙未了，不知身是病中身。（二）

是年冬，有《祝阐教禅师八十寿（三首）》之作。阐教禅师，即通理大师（1701～1782），清代著名高僧。乾隆三十六年（公元1771），受赐紫衣；乾隆四十五年（公元1780），敕封为阐教禅师，被誉"为清代中兴贤首第一人"，为当时的僧界领袖。彻悟大师曾与通理大师共同参加满文《大藏经》的编译工作，大师另作有《阐教禅师塔铭》、《为阐教禅师入塔》，由这些文字可以了解大师与通理大师的法门之谊。

乾隆四十六年辛丑（公元1781），四十一岁。

六月，禅坐之隙，为禅者演说《永嘉大师证道歌》一过，颇有会心处，因蹑其每段两短句，作《拟证道歌》，续而歌之。

乾隆四十七年壬寅（公元1782），四十二岁。

乾隆四十八年癸卯（公元1783），四十三岁。

乾隆四十九年甲辰（公元1784），四十四岁。

乾隆五十年乙巳（公元1785），四十五岁。

春，应阐教通理大师弟子拈花寺怀公之请，作《阐教禅师塔铭》。

秋日，诚斋居士自携其照索题，且云："我习性多瞋，无以自解，愿为说法，并施以对治之门。"大师为作《题诚斋居士照》。

仲秋，衍法志公和尚，会刻净土经论文集成，请大师题跋数语。大师为题名曰"净土津梁"，并为作跋，其中有自设问答云：或曰："和尚秉单传之宗，以祖道自任，当依本分直截示人。夫唯心净土，当处现成；自性弥陀，觌体不隔。大师作此净土津梁之说，不是起人心外有法、去来取舍之见吗？"大师自答云："噫！通玄峰顶，不是人间。心外无法，满目青山，本分直截耶？去来取舍耶？于此缁素分明，许汝会唯心自性。如或未然，莫寐语好。”这诚如印光大师《彻悟禅师像赞》中所云：“只期契机契理，不计门庭异同。发明作佛是佛之义，揭破执理废事之蒙。当此邪说横流之恶世，微公则何所适从。”此时大师已经归心净土。

乾隆五十一年丙午（公元1786），四十六岁。

乾隆五十二年丁未（公元1787），四十七岁。

大师以宿业所感，多诸病缘。因思教乘五停心观中，多障有情，以念佛观对治。且此念佛法门，文殊、普贤等诸大菩萨，马鸣、龙树等诸大祖师，天台智者大师、永明延寿禅师、楚石梵琦禅师、云栖莲池大师等诸大善知识，尚且悉皆归心，求生极乐，我是何人，敢不皈命？于是朝暮课佛。而参禅者愿意追随者颇多。因顺时机，且便自行，遂辍参念佛，栖心净土，主张莲宗。日限尺香晤客，过此惟礼拜持念而已。一时门墙见重者，谤焰四起，大师以深信佛言而不顾。并将十余年来所有积稿，付之一炬。后为弟子们于灰烬中拣出若干，然已经百不存一了。

这是大师正式辍参念佛。

（谨案：关于大师辍参念佛的具体时间，从大师《遗集·自叙》来看，各种版本中存在两种不同的表述，但是均存在一些疑问。在嘉庆二十二年《梦东禅师遗集》二卷本、1934年天津佛教功德林重编《梦东禅师遗集》三卷本、同治七年（公元1868）释谂西依钱伊庵本重刻于杭州的《彻悟禅师遗稿》二卷本、同治十年（公元 1871）杨仁山居士刻于金陵易名为《彻悟禅师语录》两卷本，及附于《净土十要》之后的《彻悟禅师语录》中，均为“丁卯岁（嘉庆十二年，公元 1807)”。在 1995 年上海佛学书局简体重排《梦东禅师遗集》三卷、2007 年台北佛陀教育基金会《彻悟大师遗集》三卷中，均为“丁酉岁（乾隆四十二年，公元 1777)”。

其中丁卯岁，即嘉庆十二年，公元1807，此时距大师西逝仅三年时间，这显然不对。对于丁酉岁，即乾隆四十二年，公元1777，也存在疑问。道陀《彻悟禅师之生平行仪与净土思想的研究》（台北：中华佛学研究所，2008年7月）中指出：丁酉岁时彻悟师当三十七岁，距接任广通寺住持仅四、五年时间，与《遗集·大师行略》中所述在广通寺率众参禅十四年如一日的说法未能吻合，因此，道陀依据时间推断认为，彻悟弃禅归净的时间应该为丁未年，即乾隆五十二年（公元1787），其时大师四十七岁。陈佩伶《红螺山彻悟大师净土思想研究》（台湾国立屏东教育大学硕士论文）中也持同样观点，并提出进一步论证。对此笔者表示赞同。）

乾隆五十三年戊申（公元1788），四十八岁。

乾隆五十四年己酉（公元1789），四十九岁。

乾隆五十五年庚戌（公元1790），五十岁。

大师弟子唤醒欲回故里，临行前将题名《碎瑚析檀》的钞本大师语录一卷，送给同学了睿，内有《山居诗》等作。了睿特别喜爱这部语录，可惜未暇问及该语录出自何人手笔。

乾隆五十六年辛亥（公元1791），五十一岁。

为彭绍升居士的《一乘决疑论》作《〈一乘决疑论〉说》。彭绍升（1740年—1796年），字允初，号尺木，又号二林居士，法名际清，江苏长洲县（即今苏州）人，清代著名佛教居士。《一乘决疑论》是彭绍升会通儒佛之作，初稿成于乾隆四十六年(1781)冬，然未刊行，至乾隆五十六年(1791)经过彻悟大师审定后才刊行。[①]彭绍升的许多佛学著述，都经彻悟大师印可后才刊行。在大师《遗集》及彭绍升《一行居集》中，有他们互相往来的书信。

乾隆五十七年壬子（公元1792），五十二岁。

夏，迁觉生寺（即大钟寺，位于北京市海淀区）。

弟子了睿追随大师从广通寺到觉生寺。一日，大师见到了睿所持的《碎瑚析檀》，因而问道："此语录烧已数年，你怎么会有呢？"了睿述所由。大师说："当时所焚如此者有数本。这肯定是唤醒多事，私窃留的。"仍命了睿将语录烧了。了睿这才知道语录为大师之作，由是愈加珍秘，且私嘱同学将各自所记忆的，或别有收藏的，都记录保存下来。

---

① 见《一乘决疑论》(《卍新纂续藏经》第58册No. 1029）自跋。

大师在觉生寺住持八年，百废尽举。于净业堂外，另立“涅槃”、“安养”、“学士”三堂，为的是老病者能有所依托，而初学者又便于诵习。大师于禅、净二宗的宗旨，都深得其奥，同时严以律己，望人甚为殷切。每凡大师开导说法，犹如瓶泻云兴。由于能够与众一起精修，所以莲宗之风大扇，远近僧众都归心敬仰。堪为当时法门的第一人。

乾隆五十八年癸丑（公元1793），五十三岁。

乾隆五十九年甲寅（公元1794），五十四岁。

乾隆六十年乙卯（公元1795），五十五岁。

冬，著《念佛伽陀》，包括《教义百偈》、《宗乘百偈》两篇，阐扬念佛持名法门之要妙。

嘉庆元年丙辰（公元1796），五十六岁。

受业弟子心雨等人将大师《念佛伽陀》刊布。

嘉庆二年丁巳（公元1797），五十七岁。

嘉庆三年戊午（公元1798），五十八岁。

嘉庆四年己未（公元1799），五十九岁。

嘉庆五年庚申（公元1800），六十岁。

退居红螺山资福寺（位于北京市怀柔区）。本来大师打算到此地独自净修以至终老，争奈弟子们依恋追随而来，而大师为法为人，心终无厌，于是容留大众，俄而此地又形成了一个殊胜的净土道场。平时，担柴运水，泥壁补屋，一饮一食，大师都与大众一起来做，这样一晃又十年。

大师自题所居资福寺丈室名为“二有室”，并作跋语云：

经云：“从是西方过十万亿佛土，有世界名曰极乐。其土有佛，号阿弥陀，今现在说法。”此金口诚言，分明指示。而世之昧者，犹谬执唯心，横生异议，可悲也！因特书此以名余室，用警省焉。

五月十一日，有《资福寺讲前提纲》之作。

嘉庆六年辛酉（公元1801），六十一岁。

嘉庆七年壬戌（公元1802），六十二岁。

嘉庆八年癸亥（公元1803），六十三岁。

嘉庆九年甲子（公元1804），六十四岁。

七月，书写“十信”于《念佛伽陀》之后，其文云：

一、信生必有死。（普天之下，从古至今，曾无一人逃得。）二、信人命无常。（出息虽存，入息难保，一息不来，即为后世。）三、信轮回路险。（一念之差，便堕恶趣。得人身如爪上土，失人身者，如大地土。）四、信苦趣时长。（三途一报五千劫，再出头来是几时。）五、信佛语不虚。（此日月轮，可令堕落，妙高山王，可使倾动，诸佛所言，无有异也。）六、信实有净土。（如今娑婆无异，的的是有。）七、信愿生即生。（已今当愿，已今当生，经有明文，岂欺我哉！）八、信生即不退。（境胜缘强，退心不起。）九、信一生成佛。（寿命无量，何事不办。）十、信法本唯心。（唯心有具造二义。如上诸法，皆我心具，皆我心造。）信佛语故，则造后四。不信佛语，但造前四。故深信佛言，即深信自心也。修净业者，能具此十种信心，其乐土之生，如操左券而取故物，夫何难之有？！

嘉庆十年乙丑（公元1805），六十五岁。

嘉庆十一年丙寅（公元1806），六十六岁。

嘉庆十二年丁卯（公元1807），六十七岁。

九月九日，作《红螺普同塔说》。

昶亭居士来红螺山听讲，法喜怡神，深生感激，遂索所存语句，并坚请大师开示净土宗旨，及启信、发愿、立行、用心、修持等文，合上之前了睿所收集的《碎珊析檀》等篇，共为两卷，而大师复将其中禅宗语句删去大半。

嘉庆十三年戊辰（公元1808），六十八岁。

夏，李逢春居士在山听讲，闻法有悟，遂欲将大师《语录》刊布。大师说："身既隐矣，焉用文为？此世间隐者之言尚然，余已栖心净土，复何文字可留？"大师没有同意刊布。

嘉庆十四年己巳（公元1809），六十九岁。

作《资福寺讲前示众偈十六首》，中有云：

一句弥陀法界宗，千门万户尽罗笼，
只须净念能相继，四土三身影现重。
西方净土本唯心，直透唯心义甚深，
亲见弥陀曾问讯，珍楼罗列树阴森。

嘉庆十五年庚午（公元1810），七十岁。

二月，大师到万寿寺为业师粹如纯禅师扫塔，同时向诸山长老及护法弟子们告别，并嘱咐说："幻缘不久，人世非常，虚生可惜，各宜努力念佛，他年净土好相见也。"

三月，大师回到红螺山，让大家为其荼毗(火化)做准备。

由于李逢春居士等人一再坚请将大师《语录》刊布，大师迫不得已，勉强同意，于九月十二日，为《语录》写了一篇简短序言，用示《语录》中皆是不得已之言。

十月十七日，大师召集众弟子，托付寺院的事务，命弟子松泉法师领众住持，并告诫大家："念佛法门，三根普被，无机不收。吾数年来，与众苦心建此道场，本为接待方来，同修净业。凡吾所立规模，永宜遵守，不得改弦易辙，庶不负老僧与众一片苦心也。"

临示寂半月前，大师觉得身有微病，于是命大众为其助念佛号。大师见到虚空中幢幡无数，自西而来，于是告诉众弟子说："净土相现，吾将西归矣。" 众弟子都劝大师能再住世一段时间，大师说："百年如寄，终有所归，吾得臻圣境，汝等当为师幸，何苦留耶？"

十二月十六日，大师命监院师贯一，设涅槃斋。

十二月十七日申时，大师告诉众弟子说："吾昨已见文殊、观音、势至三大士，今复蒙佛亲垂接引，吾今去矣。"此时，在场大众称念佛号更励。大师面西端坐合掌，说道："称一声洪名，见一分相好。”遂手结弥陀印，安详而逝。在场大众闻到异香浮于空中。

大师遗体供奉七日，依然面貌如生，慈和丰满。而且头发由白变黑，光润异常。第二个七日，奉大师身体入龛，第三个七日荼毗，获得舍利子百余粒。门弟子遵其遗嘱，奉请灵骨葬于普同塔内。

彻悟大师世寿七十，僧腊四十九，法腊四十有三。

彻悟大师的著作，在其生前已有《念佛伽陀》一卷单独流通。彻悟大师西逝后，门人松泉等辑录遗稿，分上下两卷，名《梦东禅师遗集》，于嘉庆二十二年（公元1817）刻于北方，其中未含《念佛伽陀》。嘉庆二十四年（公元1819），浙江钱伊庵居士，节录《梦东禅师遗集》，合《念佛伽陀》，仍为两卷，易名《彻悟禅师遗稿》，刻于杭州。同治十年（公元1871），杨仁山居士又稍加删节，易名《彻悟禅师语录》两卷，刻于金陵。光绪十六年（公元1890），释贯通依杨仁山本，附于《净土十要》之后，仍名《彻悟禅师语录》，由扬州藏经院合刻行世。民国十九年（公元1930），印光法师依杨仁山本，再加钱伊庵叙于首，仍名《彻悟禅师语录》，附于《净土十要》第十之后。

而原集之在北方者，后人获大师遗稿，次第增入，虽较完足，稍伤凌杂。民国二十三年（公元1934），天津佛教功德林重新排印，合《念佛伽陀》，厘为三卷，仍名《梦东禅师遗集》。1995年，上海佛学书局依天津佛教功德林重编本，用简体字重排，仍名《梦东禅师遗集》三卷。2007年，台北佛陀教育基金会，依天津佛教功德林重编本，用繁体字重排，易名《彻悟大师遗集》三卷。

彻悟大师被尊为莲宗十二祖，可谓实至名归，水到渠成。钱伊庵居士云："余尝考震旦自远公开净土法门为初祖，其后可登祖位者，殆不乏人。而自古沿传，以善导、承远、法照、少康、永明、省常、莲池、思齐诸师为净宗九祖。余维彻师行履，尽未来际，足以闻风兴起。后有继列祖位者，殆不可遗也。"[①]胡珽所辑的《净土圣贤录续编·际醒传》中评论道："修禅修净，而独归心于赡养。迹其梵行之精严，导人之切至，抑何与莲宗尊宿如同一辙欤？为人师，作佛祖，吾于是见之矣。"近代高僧印光法师对彻悟大师非常推崇，他早年仰慕彻悟大师遗风，专门到红螺山去参学，因而净业大进，其所作《莲宗十二祖赞颂·清十二祖红螺资福际醒大师赞》是对彻悟大师的最好评价：

遍通经史，冀为世导，一病方知不可靠。研穷各宗奥，均难证到，专主净土教。

① 见《遗集·重刻彻悟大师遗稿序》。

示众法语利益多，念佛伽陀悉包罗。
全真成妄只此心，全妄成真亦非他。
不变随缘宜随净，随缘不变莫随讹。
人若依此义修持，光寿当同阿弥陀。